Dieses Buch wird Ihnen gewidmet von:

www.vitabasix.com | Tel.: 00800-1570 1570

Anti-Aging Hormone & Nahrungsergänzungsstoffe

Stop Aging. Start Living!

ROT

EINE GENUSSREISE
DURCH EUROPA

PAULA BOSCH
& PROF. DR. MARKUS METKA

WEIN

Brandstätter

Inhalt

Vorwort

Über Wein – und natürlich auch über Rotwein – ist in den letzten zwei Jahrzehnten schon so viel geschrieben worden, dass wir uns hier darauf beschränkt haben, Ihnen nur das zu erzählen, was wir rund um unsere 30 Rotweintipps aus Europa nicht für nebensächlich halten.

Auf den Reisen zu den erstklassigen europäischen Weingütern besuchen wir die schönsten Weinkeller, erfahren mehr über die Spezialitäten der Region und folgen den Spuren des edlen Rebensaftes.

Das Buch bietet nicht nur eine kulinarische Genussreise durch Europa, sondern verrät, wie Rotwein positiv auf unsere Gesundheit wirken kann. Welche besonderen Inhaltsstoffe stecken in den roten Trauben? Und wo sind die besonderen Weinentdeckungen zu finden?

Im Mittelpunkt stehen Rotweine, die nicht nur gut schmecken, sondern das Gemüt beflügeln, das Herz bewegen und das Blut in unseren Adern besser fließen lassen.

Paula Bosch & Prof. Dr. Markus Metka

WEIN UND MEDIZIN

Prof. Dr. Markus Metka

Seit jeher gilt Wein als Lebenselixier und Wundermittel. In einer Keilschrift des sumerischen Königs Urukagina (ca. 2350 v. Chr.) lässt sich das verwendete Wort für Weinrebe als „Lebensbaum" übersetzen. In der griechischen Mythologie wurde der Nektar als „Getränk der Götter" bezeichnet. Aber schon in der Bibel spielte der Wein eine große Rolle. So verließ Noah nach der Sintflut die Arche, um Wein anzubauen. Er war somit der erste Winzer der Menschheitsgeschichte: „Noah wurde der erste Ackerbauer und pflanzte einen Weinberg."

Die Entdeckung des Weins ist wie so viele Ereignisse in der Geschichte vermutlich auf einen Zufall zurückzuführen. Schon früh wurde der Saft der Trauben als Labungsmittel entdeckt. Der erste Wein entstand durch einen nicht beabsichtigten Gärungsprozess des Labungsmittels. Das dieser vermeintlich verdorbene Saft trotzdem gekostet wurde, führte zu jener sensationellen Entdeckung, welche unsere Kultur bis heute stark geprägt hat. Wann und wo der erste Wein entstand, lässt sich nicht genau bestimmen. Man weiß, dass es Trauben seit über zwei Millionen Jahren gibt und sie seit frühester Zeit eine wichtige Rolle im Leben der Menschen spielten. Die älteste belegte Entdeckung von steinzeitlichem Traubenkonsum ist etwa 10.000 Jahre alt.

Vermutlich waren es die alten Ägypter, die erstmals Saft aus den Trauben gewonnen und zur Gärung gebracht haben. Abbildungen aus dem Niltal um 7000 v. Chr. belegen Wein- und Bierkonsum. Pharaonen tranken schon zu dieser Zeit die sogenannten „herbal wines", die ersten Weine mit Minze, Salbei oder Zimt versetzt. Demnach kann man unseren heute so beliebten Glühwein als „herbal wine" bezeichnen, der darüber hinaus auch noch positive Effekte gegen virale Infekte wie z. B. Grippe hat. Um 3000 v. Chr. dürfte die Weinkultur auch in Griechenland Einzug gehalten haben. Die Römer entdeckten bald darauf die Lust am Wein. In Oberitalien wurden Rebkerne gefunden, die etwa aus der Zeit um 2000 v. Chr. stammen. Um 1000 v. Chr. muss man die Wirkung des Rebschnitts entdeckt haben. Eine Legende besagt, dass ein Esel die Rebstöcke seines Herrn kahl gefressen hat und der Mann höchst verwundert war, als aus den Rebstöcken kräftigere Triebe wuchsen und die Trauben noch besser wurden. Von dieser Zeit an wurden anscheinend die Reben beschnitten. Um 1200 entwickelte sich eine gesittete Weinkultur, übertriebener Weinkonsum galt als unschicklich. Aber nicht nur die Geschichte der Kultivierung des Weins ist außergewöhnlich, sondern auch die Geschichte des Weins als Heilmittel ist bemerkenswert. Die historischen Beweise reichen von den chinesischen Kaisern der Ming-Dynastie über die Wundwaschung

der Samariter (Neues Testament) bis zum legendären altägyptischen König Echnaton.

Die herausragende Vereinbarkeit mit verschiedenen Wirkstoffen liegt vor allem an einer Eigenschaft des Alkohols: Er ist ein effektives Lösungsmittel. Durch ihn lassen sich die essenziellen Wirkstoffe besonders gut heraus- und auflösen. Die wichtigen und wirksamen Stoffe werden durch diesen chemischen Prozess stabilisiert, werden besser konserviert und für den Körper verträglicher gemacht. Die Wirkung der Stoffe wird durch den Alkohol potenziert. Vor allem garantiert der Alkohol eine gute Konservierung, die herausgelösten Stoffe verändern sich chemisch nicht. Dadurch können Beeren, Kräuter, Gewürze oder Früchte das Rezept für die „ewige Jugend" sein.

Ohne die herausragende Beobachtung der Ärzte der Frühzeit wäre das große präventive Potenzial des Weins vermutlich erst später entdeckt worden. Die Beobachtungsgabe muss dazu geführt haben, dass Ärzte damals schon bemerkten, dass, wenn Menschen moderat Wein trinken, sie älter und vor allem gesünder älter werden.

Im alten Ägypten spielte Wein eine wesentliche Rolle. Es sind zahlreiche Rezepte überliefert, in denen Wein als pharmakologische Grundlage für heilende Pflanzenextrakte diente. So wurde Weinhefe zur Herstellung von Salben gegen Rheuma und Schwellungen verwendet oder zur Wundbehandlung verschrieben.

Die Griechen hingegen hatten über 200 Heilkultstätten, in denen man Trinkkuren belegen konnte. Zur Linderung von Krankheitssymptomen wurden berauschende Weine verordnet. Die Einführung von reinem Wein in die Heilkunst stellt eine bedeutende medizinische Wegmarke dar. Hippokrates von Kos verordnete Wein aus verschiedenen Gründen: als Schmerzmedikation, zur Behandlung von Herz-Kreislauf-Erkrankungen, als Mittel gegen Kopfschmerzen, als Stärkungsmittel für Genesende und auch als Beruhigungs- und Schlafmittel. Ein weiterer Meilenstein war die Verwendung von Wein als eine Art erste Differenzialtherapie. Diese Methode geht auf Galenus von Pergamon zurück. Er verabreichte bei fieberhaften Erkrankungen schwere, süße Weine oder bei Appetitmangel eher leichte und säurebetonte Tropfen. Eine wesentliche Rolle in der Anti-Aging-Medizin spielt die Schule von Salerno. Die Forschungsanstalt erlebte ihre Glanzzeit vom 10. bis zum 13. Jahrhundert und war in dieser Zeit ein wirklicher „Hot Spot" der Medizin. Das Erfolgsrezept war ein harmonisches Vermischen des medizinischen Wissens verschiedener Kulturen: der griechischen, der arabischen, der westlichen und der

jüdischen. Das Hospital wurde in der ersten Linie zur Pflege erkrankter Ordensbrüder unterhalten. Aus dieser Gruppierung der tätigen Ärzte entstand eine der ersten medizinischen Hochschulen Europas. In der Institution wurde festgestellt, dass sich die medizinischen Substanzen wunderbar in Alkohol lösen. Seit dieser Zeit gab es verschieden Mixturen aus Kräutern und Gewürzen, deren Wirkstoffe in Alkohol gelöst und deren Potenz genutzt wurde. Durch das Aufkommen der Alkoholdestillation kam es zu einer Verbreitung des hochprozentigen Alkohols und einem massiven Anstieg von Alkoholismus. Durch diese Entwicklung trat der gesundheitsfördernde Aspekt des Weins zeitweise in den Hintergrund. Zu einem Umdenken kam es im letzten Drittel des 20. Jahrhunderts, da immer öfters die positiven Wirkungen der verschiedenen Pflanzeninhaltsstoffe (wie beispielsweise Polyphenole) auf den Körper wissenschaftlich belegt wurden.

Wenn man nun die Ursachen für die gesundheitsfördernde bzw. Anti-Aging-Wirkung des Weins, vor allem des Rotweins, betrachtet, so muss man auf der einen Seite die Wirkung des Alkohols, auf der anderen Seite die Wirkung der verschiedenen Pflanzinhaltsstoffe gesondert beachten.

Besonderes Aufsehen erregte unter anderem die Studie, welche das „französische Paradoxon" entdeckte. Nach diesem Paradoxon leben Franzosen trotz ihres höheren Alkoholkonsums, der besonders viel Rotwein beinhaltet, „nachhaltiger" als Deutsche oder Amerikaner, sie haben ein geringeres Risiko für Herzerkrankungen.

Vor allem im Kampf gegen den oxidativen Stress („freie Radikale") und im Kampf gegen den inflammatorischen Stress („innerer Brand") sind Polyphenole wie Quercetin, Acutissimin, Resveratrol oder Isoflavone von zentraler Bedeutung. Anders gesprochen: Polyphenole fördern die Durchblutung, bekämpfen Sauerstoffradikale und stillen somit die Entzündungen, die man anfangs oft nicht bemerkt, aber meistens in Herzinfarkten oder Demenzerkrankungen enden. Durch ihre antiinflammatorische und antikarzinogene Wirkung sind Polyphenole Garanten für ein gesundes Altern.

Des Weiteren zeigen neueste Ergebnisse der Molekularbiologie, dass über den sogenannten PPAR-Rezeptor die Pflanzeninhaltsstoffe des Weins Einfluss auf eine deutliche Verbesserung des Fett- und Zuckerstoffwechsels haben. Der PPAR-Rezeptor ist unter anderem für die Fettsäure-Oxidation und den Fett- und Glukosestoffwechsel zuständig. Wenn dieser nun positiv durch Phytoalexine (Pflanzenabwehrstoffe) stimuliert wird, wirkt er fast wie ein „fat and sugar burner".

Drehte sich früher das thematische Augenmerk im Bezug auf Wein um den Alkohol, so kann man aus heutiger wissenschaftlicher Sicht sagen, dass es vor allem die pflanzlichen Inhaltsstoffe sind, die primär den Rotwein zu so einer faszinierenden medizinischen Sensation machen.

Nun stellt sich die berechtigte Frage, was genau am Rotwein bzw. an den Trauben so gesund ist. Die Traube besteht aus Schale, Fruchtfleisch und Kern. Es ist die Schale, die den hohen Gehalt an Polyphenolen aufweist, da ihre Aufgabe darin besteht, Viren, Pilze, Bakterien etc. abzuwehren. Je stärker die Trauben klimatischen Bedingungen und Stress ausgesetzt sind, desto mehr Abwehrkräfte befinden sich in den Schalen. Daher kann man beispielsweise südamerikanische Weine (besonders aus Chile) als „sehr gesund" bezeichnen, da die Trauben am Tag den heißen Temperaturen der Atacamawüste, in der Nacht den Winden aus den Anden und am Morgen der extremen Feuchtigkeit des kalten Humboldtstroms ausgesetzt sind. Die Potenz der Phytoalexine wird durch diesen Stress in der Schale erhöht. Wenn man rote Trauben presst und Most und Maische für mindestens eine Woche beisammen lässt, entsteht Rotwein. Im Gegensatz dazu wird bei Weißwein Most und Maische normalerweise spätestens eine halbe Stunde nach der Pressung getrennt. Deshalb enthält Rotwein 20- bis 30-mal so viele Polyphenole wie Weißwein.

Alles in allem kann man Wein durchaus als Jungbrunnen bezeichnen – und als hochinteressante präventiv-medizinische Substanz, die, moderat konsumiert, effektiv ein gesundes Altern fördert. Moderat konsumiert bedeutet in diesem Zusammenhang für eine Frau ca. 15 bis 20, für einen Mann ca. 25 bis 30 Milliliter reinen Alkohol pro Tag, was etwa einem Achtel- bis einem Viertelliter Wein entspricht. Wichtig ist also der mäßige, aber regelmäßige Konsum von Rotwein, um die optimale Wirkung gegen Herz-Kreislauf-Erkrankungen, oxidativen und inflammatorischen Stress zu erreichen und um die alterspräventive Wirkung zu erreichen.

Abschließend sollte noch angemerkt werden, dass mit den heutigen mikrobiologischen wissenschaftlichen Methoden dieselben Erkenntnisse über die präventiv-medizinische Wirkung des Weins gewonnen werden können, die schon von den Hochkulturen von vor über 5.000 Jahren empirisch erkannt wurden.

Ribeira Sacra
Montsant D. O.
Bellmunt del Priorat, Katalonien
Rioja
Salas Bajas, Somontano

SPANIEN

Lacima 2007

Dominio do Bibei
Ribeira Sacra
Spanien

Wenn zwei so berühmte Weinmacher wie Sara Perez aus dem Priorat (bester Wein „Cims de Porrera") und der Franzose René Barbier (bester Wein „Clos Mogador") gemeinsam ein Projekt in Angriff nehmen, darf man gespannt sein, was dabei herauskommt. Umso mehr, wenn sie sich das Ziel setzen, einen Wein zu keltern, der mindestens so großartig ist wie ihre eigenen Produkte. Der hohe Anspruch der erst 2006 im Nordwesten Spaniens, nahe der portugiesischen Grenze, fertiggestellten Bodega Dominio do Bibei wurde mit diesem Engagement sehr deutlich gemacht. Die ersten Top-Bewertungen zeigten sehr bald, dass man mit der Qualitätspolitik auf dem richtigen Weg ist. Die Gründer, eine Gruppe von Enthusiasten, haben in dieser sehr kleinen und kargen Region auf die richtige Karte gesetzt.

In den antiken Terrassenanlagen in der D. O. Ribeira Sacra, die alle restauriert wurden, hat man die teils uralten Rebstöcke erhalten und autochthone Rebsorten neu gepflanzt. Man folgt den strengen Regeln der Biodynamik, im Keller werden die Trauben so schonend wie möglich verarbeitet. Was aus den Trauben der uralten Reben entsteht, sind keine Monsterweine mit hohen Alkoholwerten, sondern begeisternde, kraftvolle Tropfen mit Rückgrat, fester Textur und einem vielfältigen Aromenkleid, das Schicht für Schicht immer neue Nuancen von getrockneten Kräutern, Früchten und Gewürzen präsentiert: spanische Eleganz und Finesse, wie man sie selten antrifft.

Auf Dominio do Bibei werden vier Weine hergestellt: zwei weiße, zwei rote. Der Spitzenwein der Bodega ist „Lacima", zu 100 Prozent aus der Rebsorte Mencía von den alten Terrassenlagen, hat in großen Jahrgängen wie 2007 und 2008 einen reichen Duft nach edlen Hölzern, blauen Früchten, Tabak, Rauch und Süßholz. Sein festes Geschmacksprofil mit jungen, sanften Tanninen, reifer Fruchtsäure und der lange Nachhall nehmen jeden Weinliebhaber gefangen. Der 2008er hat noch etwas mehr Druck und Komplexität, auch festeres Tannin, sodass eine Wartezeit von ein bis zwei Jahren zu empfehlen ist. Dieser Weinschönheit zu widerstehen ist für einen Weinliebhaber so gut wie unmöglich – aber auch nicht nötig.

FÜR CONNAISSEURE

Die noch junge Weinregion Ribeira Sacra an den Ufern der Flüsse Mino und Sil zeichnet sich durch karge und mineralreiche Böden aus. Die alten Terrassenanlagen reichen bis zu einer Höhe von 700 Metern über dem Meeresspiegel. Das Klima ist vom Atlantik beeinflusst und bietet den bewährten Mix aus warmen Tagen und kühlen Nächten. Die Trauben können langsam reifen und geraten äußerst aromatisch. Selbst die eher schlichte Rebsorte Mencía weist unter optimalen Bedingungen eine erstaunliche Tiefe und Vielschichtigkeit auf. Mencía kommt aus Galicien und ist die wichtigste Traube der Region.

Das junge Team von Dominio do Bibei konzentriert sich ausschließlich auf heimische Rebsorten und versteht es auch, aus Mencía einen finessenreichen Wein zu keltern. Traditionelle Weinbaumethoden in Kombination mit moderner Technik sind die Basis. Stahltanks werden vermieden, die Weine gären und lagern in Zement- und Holzfässern von unterschiedlicher Größe. Die Weingärten sind biodynamisch bewirtschaftet, und im Keller wird so wenig wie möglich eingegriffen, um den Weinen ihre Charakteristik zu belassen. So zählt ihr Paradewein „Lacima" aus meist 100 Prozent Mencía inzwischen zu den interessantesten Rotweinen Spaniens.

CF

21

FÜR UNTERWEGS

Die reizvolle Landschaft des Ribeira Sacra bietet unzählige Ausflugsmöglichkeiten. Besonders schön ist es, über die uralten Terrassenanlagen in den Weinbergen zu spazieren.

Da auch der Jakobsweg durch die Region verläuft, stößt man auf Klöster, Kirchen und Kathedralen aller Epochen und Baustile.

Übernachten kann man dabei in den staatlichen Luxusherbergen, den sogenannten Paradores.

Am besten, man startet in Santiago di Compostela, dem eigentlichen Zielort des Pilgerweges, und begibt sich auf eine „Tour de Paradores". Die Route führt über Verin, Monforte de Lemos und Santo Estevo Luintranach Baiona, eine schöne Küstenstadt, um dann nach Tui nahe der portugiesischen Grenze zu führen.

HOTELS & RESTAURANTS
Das 5-Sterne-**Parador Los Reyes Católicos** in Santiago ist ein Luxushotel in einer großzügigen Klosteranlage, das alle Stücke spielt. Sehr empfehlenswert!

KULINARIK
Galicien bietet alle nur erdenklichen Fische und Meeresfrüchte aus dem Atlantik. Unbedingt probieren sollte man die Entenmuscheln, genannt Percebes, und viele andere heimische Muschelarten. Auch Aale, Neunaugen, Seezungen und Kabeljau bekommt man in allerhöchster Qualität frisch aus dem Meer. Selbst Langostinos und Austern findet man nirgendwo besser in Spanien.

Costers del Gravet 2009

Celler de Capçanes
Montsant D. O.
Spanien

Capçanes nennt sich ein kleines 400 Einwohner zählendes Weindorf, das eine gute Autostunde südwestlich von Barcelona im gebirgigen Hinterland in der Provinz Tarragona liegt. Celler de Capçanes ist die dort ansässige, 1933 gegründete Genossenschaftskellerei, die im vergangenen Jahr als „Beste genossenschaftlich geführte Kellerei Spaniens" ausgezeichnet wurde. Das ist eine beachtliche Leistung in Anbetracht der unwirtlichen Weinberge, die politisch zum Regierungsbezirk Priorat gehören. Mit dem Jahrgang 2000 wurden die beiden gesetzlich geschützten Herkunftsbezeichnungen DOCa Priorat und DO Montsant eingeführt. Diese beiden kleinen Weingebiete stehen für gehalt- und kraftvolle, schwere und muskulöse Weine. Die Böden hier sind nicht nur karg und steinig, sondern auch schwer zu bearbeiten. Die zum größten Teil sehr alten Rebstöcke, 100 Jahre sind keine Seltenheit, sind gering im Ertrag, dafür liefern sie aber bestes Traubenmaterial. Und das ist die Basis der Kellerei, der inzwischen 80 Weinbauern angehören.

In der 1998 neu formatierten Kooperative beläuft sich die Gesamtproduktion mittlerweile auf rund 600.000 Flaschen. Die Kellerei wurde mit neuester Technik ausgerüstet und um einen großen Barriquekeller erweitert. Weinberge, Keller und Vermarktung sind auf drei Weinmacher aufgeteilt, wobei der langjährige Kellermeister Ángel Teixidó über die Qualität der Weine wacht. Eine große Besonderheit in Capçanes ist die Erzeugung von koscheren Weinen auf Initiative der jüdischen Gemeinde Barcelonas. Von den drei Weinen Peraj Ha'abib, Flor de Primavera und Peraj Petit werden jährlich an die 20.000 Flaschen abgefüllt, deren Qualität mehrfach ausgezeichnet wurde.

Den Costers del Gravet kenne ich seit Jahren und bin immer wieder von seinem Preis-Leistungs-Verhältnis begeistert. Diese Cuvée aus 50 Prozent Cabernet Sauvignon, 30 Prozent Garnacha und 20 Prozent Cariñena wird 14 Monate im Barrique ausgebaut und ist mit dem Jahrgang 2009 wieder einmal ein Paradebeispiel für ihre Herkunft. Tiefschwarze Cassisfarbe, im ersten Duftanflug Lakritze sowie opulente Gewürznoten wie Lorbeer, Wacholderbeeren, Vanille und Pinien. Bitterschokolade und Holztöne im zweiten Duftanflug. Der kernige und kräftige Geschmack mit seinen satten Tanninen verlangt nach etwas mehr Flaschenreife, macht aber zu einem dicken Steak vom Grill auch jetzt schon Freude.

FÜR CONNAISSEURE

Priorat und Montsant sind die ältesten Weinbaugebiete Spaniens. Schon im Mittelalter wurden hier Weine angebaut, aber erst jetzt erkennt man ihr großes Potenzial. Celler der Capçanes besitzt Weinberge in beiden Regionen.

Die noch junge D. O. Montsant (geschützte Herkunftsbezeichnung „Denominación de Origen") gehörte bis 2001 zur Region Tarragona, hat sich aber vom Terroir deutlich unterschieden, und so drängte die Genossenschaft Celler de Capçanes zur Gründung einer eigenen Denominación de Origen.

Eingekesselt von der DOCa Priorat (Denominación de Origen Calificada), werden ihre Weine mit denen aus der bekannten Nachbarregion verglichen, weisen doch Boden und Mikroklima gewisse Ähnlichkeiten auf.

Das junge Weinbaugebiet kann dadurch zwar die Aufmerksamkeit der internationalen Weinszene erregen, hat aber andererseits Mühe, eine eigene Charakteristik und Identität aufzubauen. Celler de Cap-

çanes gelingt es, mit qualitativ hochwertigen Weinen nicht nur zur Identitätsfindung der Region entscheidend beizutragen, sondern auch das negative Image der Genossenschaft abzustreifen.

Seit ihrer Neuorientierung Ende der 1990er Jahre setzt die ehrgeizige Kooperative ausschließlich auf Qualität. Ihre Mitglieder werden nicht mehr nach Menge, sondern nach Qualität bezahlt und liefern nunmehr ausschließlich an die Kooperative. Von den Produzenten minderwertiger Tankweine und Traubenverkäufer avancierten sie zu gefragten Vertretern der spanischen Winzerelite.

Kein Wunder, bietet Montsant doch ausgezeichnete Voraussetzungen für hochwertigen Weinbau: Die Weinberge liegen auf bis zu 700 Metern Höhe, die Böden sind karg und extrem mineralreich, und das Klima bietet einen idealen Mix aus mediterraner Wärme und kühler Bergluft. Aber der eigentliche Schatz von Montsant sind die alten Rebanlagen, die eine natürliche Konzentration am Rebstock ermöglichen. Celler de Capçanes versteht es, aus den hervorragenden Zutaten auch herausragende Weine zu kreieren. *CF*

FÜR UNTERWEGS

Tarragona wurde im Jahr 2000 zum
UNESCO-Weltkulturerbe ernannt.
Bei Rundgängen durch die Altstadt
kann man sich von den Schönheiten ein
Bild machen. Zahlreiche, gut erhaltene
römische Monumente locken Kulturinte-
ressierte an: von der antiken Stadtmauer,
der Aquäduktbrücke „Pont del Diable"
bis hin zum Circo Romano, einem römischen Zirkus aus dem 1. Jahrhundert.
Sehenswert sind auch die Kathedrale und
der pittoreske Hafen. Tarragona liegt an
der Costa Dorada und bietet herrliche
Strände mit kristallklarem Wasser.
Wer Zeit hat: Tortosa. Auf dem Weg
zu den Weindörfern Falset, Villeta und
Baixa liegt im Hinterland die kleine
Stadt Tortosa mit ihrer 2.000-jährigen
Geschichte.

RESTAURANTS & HOTELS

Arcs, Tarragona: Mitten im Zentrum
von Tarragona nahe der Kathedrale lockt
das Restaurant mit traditioneller Küche
aus frischen, regionalen Produkten.
Escabeche de pescado und Vinutas de
Foie haben mir sehr gut geschmeckt. Gut
sortierte Weinkarte mit kleineren, noch
unbekannteren Weingütern.
Wenn Sie von Tarragona nach Barcelona
fahren, sollten Sie unbedingt in Reus
anhalten: Das hübsche Städtchen ist der
Heimatort von Gaudí und bietet an allen
Ecken moderne Kunst.
Parador Castillo de la Zuda, Tortosa: In
diesem außergewöhnlichen Haus treffen
sich Moderne, Barock und Renaissance.
Stilvoll restauriert und mit antiken Möbeln
eingerichtet. Hoch über der Stadt gelegen,
mit Pool und tollem Ausblick. Gute Küche!

KULINARIK

Das Delta um Tortosa ist reich an kuli-
narischen Genüssen und gastronomi-
schen Spezialitäten. Wildgeflügel wie
Taube und Wachtel, Lamm, Kaninchen,
Wildschwein und Ziege sind beliebte
Gerichte.
Karpfen, Barben, Aale und Froschschen-
kel sind weitere regionale Spezialitäten.
Typische Speisen sind „Suquet Pescado",
wie man den Fischeintopf hier nennt,
oder „Pastiset", süße Teigtaschen mit
Kürbisfüllung.

Clos Fontà 2004

**Viticultors Mas d'en Gil
Bellmunt del Priorat, Katalonien
Spanien**

Das Weingut Viticultors Mas d'en Gil hat inzwischen eine 300 Jahre alte Geschichte. Das 125 Hektar große Anwesen in Bellmunt liegt auf einer Seehöhe von 300 Metern über dem Meeresspiegel. Die 40 Hektar terrassierte Weinberge verfügen über sämtliche günstigen Voraussetzungen für eine hervorragende Qualität der Trauben. Neben den Rebsorten Garnacha Tinto, Cariñena, Syrah und Cabernet gibt es Kleinstmengen an Garnacha blanca, Macabeu und Viognier für Weißweine. Dazwischen pflegt man hier Olivenplantagen, viel Wald, Mandelbäume und Haselnusssträucher. Die Familie Rovira hat das Anwesen 1998 gekauft und Gebäude und Keller renoviert und modernisiert. Die Weinberge wurden teils neu bepflanzt, alles im kleinen Stil, schließlich handelt es sich um einen Familienbetrieb, der auch einer bleiben will. Neben Edelstahltanks stehen viele neue Holzbottiche, und in den Reifekellern liegen etwa 250 neue Barriques, die dem Ausbau der besten Weine dienen. Eine langjährige Equipe arbeitet mit großem Engagement im Weinberg und Keller. Marta Rovira, eine der Töchter des Hauses, ist für das Weingut verantwortlich und pflegt die Kontakte nach außen. Wir haben uns schon vor Jahren im Restaurant Tantris getroffen, wo die Weine auf der Karte präsentiert wurden. Mein Favorit im Gut Mas d'en Gil war schon immer der Blend aus 70 Prozent Garnacha und 30 Prozent Cariñena: Clos Fontá. Nach 14 Monaten Reife in Barriques bester Herkunft ruht er 36 Monate in der Flasche, bevor er den Hof des wunderschönen Herrenhauses verlassen darf.

Vor Ort habe ich den großen Jahrgang 2004 im Doppelpack mit dem noch nicht ausgelieferten, ebenso großen Jahrgang 2010 probiert. Mama Rovira kochte dazu unvergesslich.

Der Wein beeindruckte mich: tiefer, rubindunkelroter Glanz; reiches, sehr würziges, dunkelbeeriges Bukett. Die fruchtigen Komponenten sind Holundersaft, Cassis, Brombeeren. Dunkler Tabak, Bitterschokolade, Thymian, Wacholder als Kopfnoten. Am Gaumen wunderbar gereiftes Tannin, feiner Stoff, weiche Textur, saftiger Geschmack, der zum Weitertrinken animiert. Wer Zeit zum Dekantieren hat, sollte dies gut zwei bis drei Stunden vorher tun.

FÜR CONNAISSEURE

Katalonien mit seiner einzigartigen Weinregion Priorat hat mit seinen Weinen ab dem Ende der 1980er Jahre innerhalb eines Jahrzehnts den Qualitätssprung von Null auf Hundert geschafft. Porrera, ein abgelegenes, gottverlassenes Dorf im Hinterland von Barcelona, spielte dabei eine zentrale Rolle. Die arme Bergregion drohte durch die Landflucht der Jugend in dieser Zeit auszusterben, weil sie weder kulturell noch wirtschaftlich etwas zu bieten hatte. In den Weinbergen, die sich einem Amphitheater gleich um Porrera schmiegen, wuchsen ausschließlich steinalte, bis zu 100-jährige Garnacha- und Cariñena-Stöcke. Die wenigen Trauben wurden von der örtlichen Genossenschaft lieblos verarbeitet. Die Arbeit in den steilen Terrassen der Weinberge mit Mauleseln war Schwerstarbeit. Die Mühen wurden dennoch nicht belohnt: Niedrige Traubenpreise und wenig Anerkennung ließen die Winzer schließlich resignieren. In letzter Minute konnte José Louis Pérez den Zusammenbruch des Priorats verhindern: Er überzeugte Winzer wie René Barbier (Clos Mogador), Carlos Pastrana (Clos de L'Obac) oder Daphne Glorian (Clos Erasmus) und Alvaro Palacios (L'Ermita) vom Potenzial der Weinregion. Dem aus Porrera stammenden Folkloresänger Louis Llach, der in Spanien für seine melancholischen Freiheitslieder bekannt ist, gelang es zudem, mit einem Benefizkonzert das Interesse der Öffentlichkeit für die Region zu wecken und die Bewohner Porreras wachzurütteln. Das war der Beginn einer Erfolgsgeschichte: Jahr für Jahr verdoppelten sich nun die Preise für die besten Trauben, die anfangs noch in der Genossenschaftskellerei verarbeitet wurden. Cims de Porrera war 1996 der erste Wein aus dem Priorat, der die Weinwelt in Begeisterung versetzte. Nach und nach wurden immer neue Weingüter gegründet, die mit französischen Rebsorten und moderner Technologie Weine für den Weltmarkt produzierten.

Im Frühjahr 2013 konnte ich mich erneut von der Qualität des Priorats überzeugen, der Wandel hat eine enorme Dynamik ausgelöst. Die Basis des Erfolgs sind vor allem die Böden und Terrassen der Region: kleinblättriger Schiefer, der sogenannte Llicorella, und harte Brocken Granit und Quarz, die metertief das Fundament der extrem steilen Terrassen bilden. Dazu kommen klimatologische Besonderheiten wie die speziellen Meereswinde (Garbinada), die für eine gute Durchlüftung der Rebzeilen sorgen. Die unverwechselbare Kombination aus Klima, Boden und Lage führt zum einzigartigen Geschmack der Priorat-Weine. Sie sind inzwischen ebenso rar wie teuer, was Weinliebhaber aus aller Welt jedoch nicht davon abhält, sie um jeden Preis zu erstehen.

WEITERE SPITZENPRODUZENTEN
Terroir al Limit, Torroja
Cims de Porrera
Clos Mogador
Clos i Terrasses
Costers del Priorat
Alvaro Palacios
Sangenis i Vaqué
Costers del Siurana
Ferrer Bobet

FÜR UNTERWEGS

RESTAURANTS & HOTELS
Celler de Gratallops, Gratallops: Gute spanische Küche. Das Restaurant gehört zum Weingut Costers del Siurana, bekannt für seine Top-Weine.
La Boca del Llop, Gratallops: Kleines, preisgünstiges Hotel mitten in den Weinbergen. Laut Guide Michelin kann man im hauseigenen Restaurant hervorragend speisen.
Can Bosch, Cambrils: In Meeresnähe, ein Stern im Guide Michelin. Ausgezeichnete moderne Küche mit viel frischem Fisch und Gemüse. Tolle Weinkarte!
Mas Ardèvol, Falset: Ein gepflegtes, liebevoll renoviertes Landhaus-Hotel mit Pool. Die Räume sind groß und stilvoll eingerichtet. Von der Terrasse hat man einen herrlichen Blick in die Weinberge. Die Chefin kocht sehr gut, man kann auch ein Menü vorbestellen. Vorzügliches Frühstück mit typischen, spanischen Köstlichkeiten.

SEHENSWÜRDIGKEITEN
Die Städtchen Gratallops, Porrera, Torroja, La Figuera.
Die alpine Region Priorat ist für Aktivitäten wie Wandern oder Radfahren prädestiniert.
In Bellmunt gibt es eine sehenswerte Mine und ein Museum sowie das Kloster und Weingut Scala Dei.
Weine der Region kauft man am besten in der Vinateria bon Viure in Gratallops.

La Cueva del Contador 2010

Bodega Contador
Benjamin Romeo
Rioja
Spanien

Wenn vor 25 Jahren über spanische Weine geredet oder geschrieben wurde, ging es so gut wie immer um Weine aus Rioja. Weine und Keller aus anderen Regionen waren zu diesem Zeitpunkt entweder nicht von Bedeutung oder sie existierten noch gar nicht. Mittlerweile ist Rioja buchstäblich in der Versenkung verschwunden; die News aus der Weinszene kommen aus Anbaugebieten wie Ribera del Duero, Toro, Somontano oder Navarra. Aber Rioja? Schon vergessen? Dank Weinmachern wie Benjamin Romeo zum Glück nicht. Natürlich haben die Riojas traditioneller Art immer noch ihre Freunde und Liebhaber, ältere Jahrgänge sind wieder hip, aber Romeo hat schon 1995, als er noch bei Vinos Artadi Weine machte, erkannt, dass ein frischer, moderner Weinstil auf dem Weltmarkt begehrter ist.

So macht er heute am Stadtrand von San Vicente Weine vom Allerfeinsten, in der hochmodernen, über 2.500 Quadratmeter großen, atemberaubenden Bodega. Doch trotz der großartigen Architektur und technischen Ausrüstung im Keller sind Romeos ganzer Stolz seine 30 Hektar Rebbestand auf 400 bis 600 Metern über dem Meeresspiegel. Mit sehr viel Spürsinn hat er sich hier aus den besten Lagen der Rioja Rebzeile für Rebzeile in bis zu 100 Jahre alten Parzellen ergattert. Romeos Weine zählen seit 2004 zu den besten der Iberischen Halbinsel und sollten in keinem gut sortierten Weinkeller fehlen. Vom Basiswein bis zur Spitze sind die Weine geradezu makellos. Mein Favorit:

Benjamin Romeos Zweitwein, La Cueva del Contador, ein reiner Tempranillo: aristokratisch, stolz wie die Spanier selbst. Kein Kraftprotz oder Monsterwein, nein, aber mit Muskeln, Sehnen und Nerv. Tannine, die durch die Adern schießen, am Gaumen verweilen Fruchtkomponenten von schwarzen Beeren, Bitterschokolade, Kakao, Gewürze, Zedernholz. Jahr für Jahr eine Schönheit für sich.

Der streng limitierte, inzwischen schon legendäre Contador, ebenfalls 100 Prozent Tempranillo, wurde von Robert Parker, dem berühmten US-amerikanischen Weinkritiker, gleich zweimal, nämlich 2004 und 2005, mit der Höchstanzahl von 100 Punkten geehrt und ist nur als Einzelflasche erhältlich. Für mich gilt er schlicht als Rohdiamant und Investment, das für die nächsten zehn Jahre in den Keller gehört – die Nachfolgerjahre '08, '09 und '10 liegen in ihrer Qualität und Größe nur Nuancen darunter.

FÜR CONNAISSEURE

Rioja ist wohl das bekannteste Weinbaugebiet Spaniens. Ende des 19. Jahrhunderts bekam es Bedeutung, als französische Negociants auf der Suche nach neuen Weinen die Region stürmten. Ihre eigenen Weingärten waren von der Reblaus völlig zerstört. Die spanischen Weinbauern lernten schnell, blieben aber bis in die 70er Jahre des vorigen Jahrhunderts Traubenlieferanten. Nur wenigen Bodegas gelang es, unter eigenem Namen Weine mit Qualität zu produzieren. Doch diese gelangten zu Weltruhm. Die traditionellen Rotweine aus Rioja werden oft mehrere Jahre in amerikanischen Eichenfässern gelagert, die den Geschmack des Weines wesentlich bestimmen. Eine Charakteristik, die sich über Jahrzehnte großer Beliebtheit erfreute. Tempranillo aus Rioja wurde in die ganze Welt exportiert und war der Inbegriff mediterranen Weins. Weich, schmeichelnd und gereift. In den 1990er Jahren änderte sich schließlich die Weinmode – Rioja galt plötzlich als hoffnungslos veraltet. Die Welt bevorzugte moderne, kräftige Weine internationaler Stilistik. Erst in den letzten Jahren kam erneut Interesse an den nostalgisch anmutenden Weinen aus Rioja auf.

Als Benjamino Romeo Mitte der 1990er Jahre sein Weingut gründet, ist er dank seiner Tätigkeit bei Artadi kein Unbekannter in der Szene. In den Weinbergen arbeitet er nach biodynamischen Kriterien, gedüngt wird ausschließlich mit organischem Kompost aus der eigenen Schafzucht. Um die Essenz aus jedem Weinstock zu filtern, lässt der Qualitätsfanatiker nur jeweils eine Traube am Stock. Daraus produziert er meist Lagencuvèes, die getrennt ausgebaut werden und das Beste des jeweiligen Terroirs in sich vereinen.

Im Keller setzt Romeo auf Hochtechnologie: Wie bei Artadi vergärt er einige Tage in großen Holzgebinden bei kontrollierter Temperatur. Der Wein wird möglichst schonend bearbeitet, so lässt er den klaren Wein mit Hilfe der Schwerkraft abfließen, statt ihn zu pumpen. Anschließend reift er bis zu 20 Monate in ausgesuchten französischen Barriquefässern.

Viña Tondonia Gran Reserva 1994

Bodegas López de Heredia Viña Tondonia
Rioja
Spanien

Eine tiefe Ehrfurcht ergriff mich bei meinem letzten Besuch in der Rioja im „Dom" der 1877 gegründeten Bodega López de Heredia Viña Tondonia in Haro. Die noch junge Mercedes López de Heredia pflegt mit ihrer Schwester das familiäre Anwesen und ist als verantwortliche Önologin Herrin über Zigtausende Barricas und einen gewaltigen Flaschenbestand, der jeden Finanzbeamten zur Verzweiflung bringen könnte. Die Kellerei ist eine Legende in der Weinwelt Riojas. Auf unserem Rundgang durch die verzweigten unterirdischen Kellerwege schwebte Mercedes geradezu wie ein Engel durch die endlosen Gänge des dunklen Gewölbes.

Sie hütet dort einen Schatz uralter Flaschen von Reservas und Gran Reservas zahlreicher Jahrgänge des vorigen Jahrhunderts, voller Staub und Spinnennetze, die nur zu besonderen Anlässen aus dem „Dom" des Kellers geholt und entkorkt werden. Weine voller Überraschungen, einmal mehr, einmal weniger lebendig. An die Verkostung, an der ich teilnehmen durfte, erinnere ich mich wie an einen fesselnden Film. Die Weinlegenden, die uns serviert wurden, waren Zeitzeugen der Geschichte und der Familie – Besonderheiten, die fast alle noch begeistern konnten. Schade, dass die alten Schätze hinter Schloss und Riegel liegen. Auf dem Markt sind aber einige gereifte, große Reservas und Gran Reservas erhältlich, die darüber hinwegtrösten können.

Ein strahlendes Beispiel ist die 1994 Gran Reserva, die sage und schreibe 120 Monate in Fässern aus amerikanischer Eiche und dann noch Jahre in der Flasche lag, um ihre Reife zu erlangen, bis sie endlich für den Markt freigegeben wurde. Es war so weit! Strahlende, dachziegelrote Farbe mit funkensprühender Brillanz. Ein breitgefächertes, vielschichtiges Bukett, würzige Aromen, weit weg von frischen Früchten oder Beeren. Süßholz, Vanille, Kastanie, Lebkuchen, auch Geräuchertes wie Speck und Kamin. Am Gaumen eine süßlichweiche Burgundernote, vielleicht etwas angestaubt. Kein modischer Wein, aber einer, der in all seinen Facetten schmeckt und Freude macht, nicht nur wegen des attraktiven Preises. Würdiger Nachfolger: 1995.

FÜR CONNAISSEURE

Lopez de Heredia ist eine Legende. Sie zählt zu den drei ältesten Bodegas in Rioja und wurde 1877 vom Urgroßvater der Eigentümer, Don Rafael López de Heredia, gegründet. Er baute das Imperium in einer Zeit auf, als sich französische Négociants und Weinmacher in der Region Rioja niederließen. Die Reblausepidemie hatte deren Weinberge in Frankreich zerstört, und so waren sie im Norden Spaniens auf der Suche nach neuem Weinland. Don Rafael eignete sich damals das Know-how der französischen Kellermeister an und begann, nachdem diese in ihre Heimat zurückgekehrt waren, selbst Wein anzubauen.

Inzwischen ist López de Heredia auf 470 Hektar angewachsen. Die Urenkel arbeiten nach wie vor mit den gleichen Methoden, die Don Rafael von den Weinmachern aus Bordeaux erlernte.

Ihre traditionelle Weinstilistik hebt sie ab von der Flut gleichschmeckender Weine internationaler Stilistik.

Die Bodega gilt als die berühmteste Vertreterin der Traditionalisten in der Rioja Alta. Die Weinstöcke der Toplagen sind nach dem alten Gobelet-System erzogen, bei dem der Rebstamm sehr kurz gehalten wird. Gelesen wird immer noch händisch mit einer gekrümmten „Croquette", dem traditionellen Rebmesser.

In kleinen, gebundenen Weidekörben werden die Trauben in den Keller gebracht, um dort in 240 Hektoliter großen Eichenholzfässern mit natürlichen Hefen aus dem Weingarten zu vergären.

Die beste Lage, „La Tondonia", liegt in einer muschelförmigen Kessellage an den Ufern des Ebro und verfügt über ein einzigartiges Mikroklima. Warm und sonnig, aber gleichzeitig beeinflusst von der atlantischen Kühle, die den Weinen ihre einzigartige Finesse verleiht. Hier wachsen die kostbarsten Weine von López de Heredia, die unter ihrem Lagennamen „La Tondonia" verkauft werden. 170 Hektar allerbestes Weinland, aus dem nur in außerordentlichen Jahren eine Gran Reserva gekeltert wird.

WEITERE SPITZENPRODUZENTEN
Benjamin Romeo, San Vicente de la Sonsierra
Roda, Haro
Remelluri, Labastida
Marqués de Griñón, Malpica del Tajo

CF

FÜR UNTERWEGS

Haro, die pittoreske Hauptstadt des Weines in Rioja, lädt zu einem Bummel um die Plaza Mayor und der Iglesia Santo Tomás, dem Nationaldenkmal von Haro. Hier begegnet man auf Schritt und Tritt dem Wein. Etliche Weinkellereien und Bars sorgen für vinophile Erfrischung. Zum weißen und roten Rioja reicht man gerne Golmajerias, ein Mandelgebäck der Region, und den köstlichen Camerano, Spaniens traditionellen Frischkäse.

In den unzähligen Restaurants sollte man unbedingt die typische Winzerküche probieren: Patatas a la Riojana, ein köstliches Kartoffelgericht, oder Calderete, eine Art Lammeintopf, der gerne nach der Weinlese gereicht wird, sowie Truchas con Setas con Vino Tinto, Forellen in Rotwein.

Für besonders Wein-Interessierte lohnt sich auch ein Besuch im neuen Museo de la Cultura del Vino Dinastía Vivanco. Ende Juni feiert Haro das traditionelle Weinfestival, ein Erlebnis der besonderen Art mit Wettkämpfen und der „Batalla de Vino", bei der die Bewohner sich gegenseitig Eimer mit Rioja über die Köpfe schütten.

Neben Haro lohnt sich auch ein Besuch in Burgos, der größten Stadt der Region, mit seiner weltberühmten Kathedrale.

HOTELS & RESTAURANTS
Hotel Los Agustinos, Haro: Ein mittelalterliches Kloster mit angeschlossenem Restaurant, wurde liebevoll renoviert und bietet angenehmen Komfort.
Hotel Velada Burgos, Burgos: Mit sehr gutem Restaurant. Ein gediegenes Palais, besonders stilvoll sind die Zimmer im alten Trakt.
Hotel Mesón del Cid, Burgos: Gegenüber der Kathedrale, verfügt über komfortable Zimmer und ein tolles Restaurant.
Für den schnellen Imbiss in Burgos empfiehlt sich die köstliche Tapas-Bar **Riojana** oder das **Casa Pancho** mit einer hervorragenden Weinauswahl.

VIÑA TONDONIA GRAN RESERVA 1994

Enate Cabernet-Merlot 2008

Enate, Viñedos y Crianzas del Aragón
Salas Bajas, Somontano
Spanien

Enate heißt das kleine Dorf in der Nähe von Barbastro, in dem die Viñedos y Crianzas del Aragón ihre hochmoderne, mit allen technischen Raffinessen ausgestattete Kellerei bauten. Das Gebäude, das 1991 in der fruchtbaren Landschaft Somontanos an der Südflanke der Pyrenäen entstand, gleicht einer dreischiffigen Basilika und ist ein Meisterwerk zeitgenössischer Architektur. Obwohl hier seit vielen Jahren Weinbau betrieben wird und man auf eine lange Weinbautradition zurückblicken kann, war die Region bis zu diesem Zeitpunkt in der Weinwelt außerhalb Spaniens mehr oder weniger unbekannt. Dank des qualitätsfanatischen Kellermeisters und Önologen Jesùs Artajona, der in Bordeaux Önologie studierte und danach auf berühmten Weingütern wie Château Margaux hospitierte, änderte sich das jedoch sehr bald.

Jesùs ist nicht nur bei seinen spanischen Kollegen als Perfektionist bekannt. Nur das Beste ist ihm gut genug: von der Lage der Weinberge – es wird nur eigenes Traubengut verarbeitet – über das technische Equipment zur Herstellung bis zu den künstlerisch gestalteten Etiketten, die letztendlich die Flaschen zieren. Nichts überlässt er dem Zufall. So war ich bei der Probe keineswegs erstaunt, dass sich die Weine in ihrer Qualität im letzten Jahrzehnt Jahr für Jahr noch steigern konnten. Das herrliche Geschmackserlebnis, das der Cabernet-Merlot bereitet, habe ich erstmals mit dem Jahrgang 1996 genießen können. Selbst in der Anfangsphase dieser Kellerei waren die Weine von beeindruckend klarer Textur und finessenreicher Fruchtigkeit. Durch den Ausbau im Edelstahltank sind die Weine in Frucht, Säure und Tannin wunderbar balanciert und bescheren so schon frühen Trinkgenuss. Der Duft von Brombeeren, Heidelbeeren, Baumtomaten, süßem Paprika, Vanille und geräuchertem Fleisch animiert zum ersten und gleich zum nächsten Schluck! Ein unnkomplizierter, aber raffinierter Wein.

Ganz nebenbei erwähnt: Hier gibt es auch einen sehr guten Weißwein aus der Rebsorte Chardonnay. Der Jahrgang 2010 wurde zum wiederholten Mal „spanischer Chardonnay" des Jahres.

FÜR CONNAISSEURE

Somontano, übersetzt „am Fuße der Berge", ist ein noch junges Weinbaugebiet in der Region Aragon. Es wurde erst 1984 zur D. O. (Denominación de origen): einem Weinbaugebiet mit geschützter Herkunftsbezeichnung in Spanien. Somontano zeichnet sich durch ein Mikroklima aus, das für den Weinbau besonders günstig ist: Die Nähe zu den Pyrenäen schützt einerseits vor kalten Nordwinden, sorgt aber andererseits auch für extreme Temperaturunterschiede. Kalte Winter, hohe Niederschlagsmengen und extrem heiße Sommer ergeben den richtigen Mix. Selbst an warmen Tagen kühlt es in den Nächten empfindlich ab. Der Wein liebt diese Abwechslung: Die Sonne sorgt für eine reife Frucht und die Kühle ermög-

licht eine hohe Säurebildung. Das Ergebnis sind äußerst balancierte Weine, die ein ausgewogenes Spiel zwischen Gerbstoff, Frucht und Säure aufweisen.

Somontano konnte sich innerhalb kürzester Zeit als gefragtes Weinbaugebiet etablieren. Autochthone Rebsorten gedeihen mit derselben Qualität wie die spanischen Leitsorten Tempranillo und Garnacha sowie die internationalen Rebsorten Cabernet, Merlot und Chardonnay.

Im Vergleich zum Priorat oder Ribera del Duero sind die Weine gemessen an ihrer hohen Qualität noch ausgesprochen günstig. *CF*

FÜR UNTERWEGS

Am Fuß der Pyrenäen gibt es zu jeder Jahreszeit zahlreiche Möglichkeiten für sportliche Aktivitäten.
Die Berge erreichen eine Höhe von mehr als 3.350 Metern. Am Monte Perdido beispielsweise liegt das ganze Jahr über Schnee, der zum Schifahren einlädt.
In den zahlreichen Schluchten gibt es Wasserfälle, die sich zum Canyoning eignen.
Die Region Somontana ist eine wunderbare Gegend zum Wandern, und auf fast jedem größeren Hügel gibt es sogenannte Castillos, wie die Berghütten in Spanien genannt werden.
Nicht umsonst gilt die Region als eine der schönsten Strecken des Jakobswegs, dem Pilgerweg, der von Frankreich über ganz Spanien bis nach Santiago de Compostela führt.
Lohnenswert ist auch ein Besuch des Nationalparks Ordesa y Monte Perdido.

KULTUR

Alquézar ist eine Weinstadt mit zahlreichen Stiftskirchen und romanische Klöstern. Sehenswürdigkeiten wie die Höhlenmalereien im Kulturpark „Río Vero", die zum Weltkulturerbe ernannt wurden, oder der Naturpark „Sierra y Canones de Guara" sind etwas ganz Besonderes.
Das pittoreske Barbastro ist eine weitere Weinstadt in der vor Schönheiten strotzenden Region. Ein Spaziergang durch die Gassen der Altstadt lohnt sich allemal.
Für Freunde von Stierkämpfen bietet Huesca die „Plaza de Toros" mit regelmäßigen Veranstaltungen.

KULINARIK

Die Spezialität von Aragon sind Schnecken mit Kräutern und Knoblauch vom Grill, aber auch Fleischgerichte mit Kaninchen oder Lamm.
Lamm, vorzugsweise Milchlamm, gibt es in allen Variationen: als Eintopf mit viel Paprika, im Ganzen aus dem Ofen oder nur die Stelzen mit Artischocken.
Eine weitere Köstlichkeit ist der sogenannte Pollo al Chilindron, der beliebte Hühnerschmortopf, oder Teruel, ein besonders feinwürziger luftgetrockneter Schinken.

Douro

PORTUGAL

Excomungado 2010

Quinta de Vale de Pios
Douro
Portugal

Portugals Weine umgibt eine Aura, die neugierig macht. Anfängliche Berührungsängste der letzten Jahre sind inzwischen wie weggeblasen. Eine kurze Zeit hatte ich sogar das Gefühl, dass portugiesische Weine zu den neuen Lieblingskindern der Fachpresse aufgestiegen seien. Aber dieser Trend ließ wieder nach, vermutlich als die Finanzspritzen der Weinwirtschaft eingestellt wurden. Die Weine sind aber nach wie vor durch die faszinierende Rebsortenvielfalt interessante neue Entdeckungen in der ansonsten so globalisierten Weinwelt. Die Tatsache, dass die Weine aus den heimischen Rebsorten Portugals international nicht vergleichbar sind, macht sie erst recht spannend. Solange die portugiesische Weinwirtschaft auf diese autochthonen Rebsorten setzt, setzt sie auf nicht austauschbare Weine, die in der Weinwelt ihren eigenen Platz haben und sie von einfallslosen Allerweltsweinen abheben. Jene von den weltweit einmalig terrassierten Weinbergen des Dourotals sind das Aushängeschild des portugiesischen Weinbaus. Hier steckt ein Potenzial, das gehegt und gepflegt werden will, damit Weine von internationaler Größe entstehen, die keine Eintagsfliegen sind. Dass ein Teil der Winzer im Lande auf bestem Wege ist, beweist dieser scheinbar einfache Landwein: Excomungado aus der Kellerei Quinta de Vale de Pios.

Ein Rebsortenmix, der ausschließlich aus heimischen Trauben besteht: Touriga Nacional, Touriga Franca, Tinta Roriz und Tinto Cão. Der zunächst Verwirrung stiftende Name „Excomungado" bedeutet nichts anderes als „Befreiung" oder Weglassen von Holz beim Ausbau des Weines. Klingt ungewöhnlich, die Praxis ist uns aber aus Frankreich, genauer gesagt: aus dem Beaujolais, bekannt. Mir ist der Wein erstmals 2011 aufgefallen. Mit seiner ausgeprägten Frucht und Trinkreife trotz seiner Jugend überrascht er auch geübte Weintrinker wie mich.

Tiefdunkel, beinahe schwarz liegt er im Glas. Die reifen, dunklen und roten Fruchtaromen quellen geradezu über den Rand. Große Würze. Beim ersten Schluck ist man verdutzt, weil der Wein viel gefälliger schmeckt als erwartet. Dennoch zeigt dieses Kraftpaket mit seinem präsenten Tannin und der lebendig-frischen Säure durchaus Struktur.

Ein erstaunlicher Powerwein, der sehr gut schmeckt; ohne die oft erdrückende Eichenlast, unter der die Weinwelt manchmal zusammenzubrechen scheint. Der Preis ist unschlagbar!

FÜR CONNAISSEURE

Das Dourotal ist eines der ältesten gesetzlich festgelegten Weinbaugebiete der Welt. Bereits im 18. Jahrhundert wurden die Grenzen gesetzt. Bekannt wurde die Region durch den Portwein, einen gespriteten Süßwein aus unzähligen autochthonen Rebsorten, die meist gemischt im Weinberg wuchsen.

Trockene Weine wurde lange Zeit nur gemacht, wenn die Trauben nicht die nötige Reife für die Portweinproduktion aufwiesen. Erst in den 1950er Jahren begannen die ersten Quintas trockenen Tafelwein mit Qualitätsanspruch zu produzieren. Der Hype um die roten Tafelweine setzte aber erst in den 1990er Jahren ein. Mittlerweile gibt es etliche Produzenten, die wie Quinta de Vale de Pios ausschließlich trockene Weine erzeugen.

Das junge Weingut produziert überhaupt nur drei verschiedene
Weine. Ihre Lagen befinden sich im Douro Superior, dem östlichen
Ende des Dourotals, an der Grenze zu Spanien. Es ist die heißeste
und trockenste der ohnehin schon extremen Weinregion und zeich-
net sich durch besonders schiefer- und granithältige Böden aus.
Geschützt durch das Serra-de-Marão-Gebirge gedeihen hier die
heimischen Rebsorten in besonders hoher Qualität. Aufgrund der
Trockenheit sind die Weinstöcke gezwungen, besonders tief zu wur-
zeln. Die Weine fallen dadurch entsprechend mineralisch aus und
weisen trotz hoher Alkoholgradation eine erstaunliche Eleganz auf.
Eine Stilistik, die Vale de Pios bei ihrem inzwischen legendären
Excomungado mit dem Ausbau im Stahltank betonen.   *CF*

FÜR UNTERWEGS

Im Dourotal, es zählt für mich zu den schönsten Weinregionen, ist nichts attraktiver als die Landschaft selbst. Der Douro schlängelt sich vorbei an den steilen Schieferterrassen, windet sich um die Hügel, um nach jeder weiteren Kurve ein neues Naturschauspiel zu präsentieren. Spätestens bei diesen Ausblicken werden Reisende hier zu Naturfreunden. Wer dann Lust auf Urbanes bekommt, sollte eine Reise in die Hauptstadt unternehmen, die viel wirklich Sehenswertes bereithält.

SEHENSWÜRDIGKEITEN

Lissabon ist eine der schönsten europäischen Städte. Ich empfehle, bei einer Reise nach Portugal, unbedingt einen Stadtrundgang einzuplanen. Sehenswert sind der Torre de Belém, das alte Viertel Alfama, das House of Port und vieles mehr.
Überlegenswert ist auch eine Tagestour nach Sintra, um den Pena-Palast zu besichtigen.

RESTAURANTS & HOTELS

Alma, Lissabon: Ein modernes Restaurant, ganz in Weiß gehalten. In der Küche werken zwei junge Chefs, die eine moderne und innovative Küche bieten. Tolle Präsentation der Speisen am Teller.
Gambrinus, Lissabon: Liegt in der Nähe des Rossio-Platzes. Ein Haus mit langer Tradition, etwas touristisch, aber sehr charakteristisch. Das Restaurant bietet gute portugiesische Küche.
Feitoria im **Hotel Altis Belém**, Lissabon: Ein Michelin-Stern, liegt am Tejo-Fluss mit wunderbarem Ausblick. Das luxuriöse Hotel bietet viele Möglichkeiten, es sich gut gehen zu lassen und sich zu erholen, bevor man die anstrengende Tour de Vin in Richtung Porto unternimmt.

EINKAUFEN

In Lissabon gibt es Stadtteile, in denen man sich ganz dem Einkaufen widmen kann: Bekleidung, Schmuck, Schuhe, Taschen, Parfums, Innendekoration, Schönes und Ungewöhnliches aus aller Welt.

Die Innenstad, Baixa genannt, umfasst Rossio, die Rua da Augusta und ihre Querstraßen, den kürzlich renovierten Chiado und die Avenida da Liberdade, eines der ältesten Geschäftszentren Lissabons. Hier findet man viele Straßen, die nach dem Geschäft oder dem Handwerk benannt sind, das einst hier ausgeübt wurde. Zum Beispiel gibt es die Straße des Silbers (Prata), die Straße des Goldes (Ouro) und die Straße der Schmiede (Ferreiros), um nur einige zu nennen.

Um luxuriöse Marken einzukaufen, müssen Sie in die Avenida de Liberdade.

Batuta Tinto 2010

Niepoort (Vinhos) S. A.
Douro
Portugal

In Portugal wird eine Rebfläche von mehr als 300.000 Hektar bewirtschaftet. Es gibt fünf Weinbauzonen mit über 40 Weinanbaugebieten und eine Rebsortenvielfalt wie sonst nirgendwo. Längst ist die Zeit vorbei, in der man die portugiesische Weinwirtschaft nur mit Portwein, Vinho Verde und Mateus Rosé identifizierte. Die Weinbranche hat sich in den letzten 20 Jahren mehr oder weniger um ihre eigene Achse gedreht. An dieser Entwicklung war Dirk van der Niepoort, der Einzelkämpfer aus Porto, mit seinen Weinen aus dem Dourotal maßgeblich mitbeteiligt. Ein rastlos Reisender in der Welt des Weines kam und kommt immer wieder voller Energie und neuen Ideen nach Hause und infiziert damit nicht nur seine Mitarbeiter, sondern ganz gezielt befreundete Weinmacher, junge aufstrebende Önologen, die etwas bewegen wollten. Niepoort hat mit seinem unermüdlichen Einsatz und seiner beispiellosen Hilfsbereitschaft viel erreicht und bewegt, nicht nur im eigenen Betrieb. Er produziert Weine der Extraklasse: vom einfachen Tischwein wie dem „Fabelhaft", der übrigens ein wahrer Geniestreich ist, bis zu den ganz großen, weltbekannten Tintos wie „Charme" oder „Batuta". Diese Spitzengewächse werden nur in guten Jahrgängen produziert.

Die Idee für den einfachen roten Tischwein „Fabelhaft", den ich von seiner Entstehung an mitverfolgen durfte, gleicht einem Geniestreich. Der Batuta war vom Anfang an ein erstklassiger Wein und heiß begehrt. Die Trauben kommen von der Quinta do Carril, zusätzliches Traubenmaterial kommt aus der nahe gelegenen Quinta de Nápoles.

2010 war kein exzellenter Jahrgang, aber Niepoort hat es verstanden, aus den ältesten Reben der beiden Quintas (70 bis 100 Jahre alt) mit Touriga Nacional, Touriga Franca und Tinta Amarela wieder einmal einen großartigen Wein zu produzieren. Der tiefdunkelrote, nahezu schwarze Wein duftet nicht nur nach getrockneten Kräutern, Pflaumen, Tomaten und Feigen, zahlreiche reife, dunkle Früchte wie Brombeeren, Cassis und Heidelbeeren schwingen mit. Gewürznoten von schwarzem Pfeffer, Muskatnuss, aber auch Vanille und Tabak sind im Spiel. Am Gaumen präsentiert er sich mit reichlich, noch sehr jungem Tannin, das nach Zeit und Reife verlangt. Fülle, Stoff und Substanz bilden einen wohlgeformten Körper. Ein wunderbarer Wein, der nicht nur heute, sondern ganz sicher auch noch in einem Jahrzehnt Freude macht.

FÜR CONNAISSEURE

Bis zum EU-Beitritt Portugals 1986 durften die Weingüter des Dourotals nicht selbst exportieren. Die Lagerung, Vermarktung und der Handel der Weine wurde von Handelshäusern in einem kleinen Vorort von Porto, in Vila Nova de Gaia, übernommen. Die Lagerung der Portweine außerhalb des Erntegebietes hatte auch praktische Gründe, war es doch im Sommer in Porto oft bis zu 25 Grad kühler als im drückend heißen Dourotal.

Erst in den letzten 20 Jahren machten sich viele Quintas unabhängig und füllten ihre Weine selbst ab. Mit der Selbstständigkeit kam auch das Bestreben nach Qualität.

Hauptinitiator dieser Bewegung war sicherlich Dirk van der Niepoort, der es sich zur Aufgabe machte, die extreme Weinregion mit
den steilen Terrassenlagen zu einer der interessantesten weltweit zu
machen. 2003 gründete er zusammen mit vier anderen Weingütern
die „Douro Boys", um mit weltweiten Verkostungen, Events und
rauschenden Festen auf die hohe Qualität ihrer Weine aufmerksam
zu machen. Die Douro Boys haben die portugiesische Weinregion
praktisch neu erfunden und sie zu einem Fixpunkt im internationalen
Weingeschehen gemacht. Dabei haben sie nie versucht, andere Regionen zu imitieren, sondern haben immer Weine mit Eigenständigkeit
und unverwechselbarer Charakteristik gekeltert. Die Entscheidung, auf
heimische Rebsorten zu setzen, hat sich bezahlt gemacht. *CF*

**WEITERE
SPITZENPRODUZENTEN**

Quinta do Vale Meão, Vila Nova de
Foz Côa
Po de Poreira, Jorge Nobre Moreira,
Provesende
Lavradores de Fetoria, Sabrosa
Alves de Sousa, Santa Marta de Penaguião
Portweinhäuser: **Taylor, Ramos Pinto,
Quinta do Noval, Niepoort Vinhos**

63

FÜR UNTERWEGS

RESTAURANTS & HOTELS

Restaurante Machado, Nogueira da Maia (zehn Kilometer nördlich von Porto): Ein einfaches und rustikales Gasthaus mit gelungener regionaltypischer Küche.

The Yeatman, Porto: Restaurant im gleichnamigen 5-Sterne-Luxushotel, es hat einen Stern im Guide Michelin. Neben toller Küche gibt es auch eine phantastische Weinkarte. Das Hotel punktet mit einem herrlichen Ausblick und einem großen Spa-Bereich.

Restaurante DOP, Porto: Zeichnet sich durch die hohe Qualität seiner Produkte aus, ohne mit den Preisen abzuheben. Chef Rui Paula bewegt mit seinen zwei Restaurants DOP und DOC die Gastro-Szene des Landes.

Infante de Sagres, Porto: Das 5-Sterne-Hotel im Zentrum gehört zur Gruppe der „Small Luxury Hotels of The World". Sowohl Preis als auch Qualität passen.

Hotel Ipanema Park, Porto: Zentral gelegen, verfügt über einen Außenpool auf dem Dach mit Blick über die Stadt. Gute Ausstattung der Zimmer.

BATUTA TINTO 2010

SEHENSWÜRDIGKEITEN

Cais da Ribeira: Das historische Zentrum Portos ist UNESCO-Weltkulturerbe. Seit einigen Jahren finden aufwändige Restaurierungsarbeiten statt. Der Kai, über dem die hohe Silhouette der Eisenbrücke Ponto Dom Luis I emporragt, ist wohl die malerischste Ecke Portos. Vor den Fenstern der alten Häuser hängt immer noch wie früher die Wäsche zum Trocknen.

Praça da Liberdade und Praça do General Humberto Delgado: Die beiden Plätze befinden sich im Zentrum der Altstadt, in den Straßen und Gassen rundherum herrscht reges Treiben. Die elegantesten Geschäfte und das berühmte Cafe Majestic befinden sich in der Fußgängerzone Santa Catarina. Der pittoreske Stadtmarkt von Bolhão zwischen der Rua de Fernandes und der Rua Formosa ist sehenswert.

In der Rua das Flores findet man in jedem Haus einen Goldschmied oder Juwelier.

Die Brücken von Porto: Mehrere Brücken verbinden die beiden Ufer des Douro. Besonders erwähnenswert ist die Eisenbahnbrücke Maria Pia des Erbauers Gustave Eiffel, die mit ihrem Bogen von 350 Metern Spannweite die spektakulärste ist.

Württemberg
Baden
Pfalz

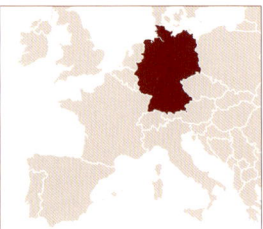

DEUTSCHLAND

Neckarsulm Scheuerberg Steinkreuz 2010

Lemberger Großes Gewächs
Weingut Drautz-Able
Württemberg
Deutschland

Württemberg war unter den Weinanbaugebieten Deutschlands lange Zeit ein Außenseiter, der milde belächelt wurde. Heute sind in Deutschlands viertgrößter Weinregion über 70 Prozent der Flächen mit roten Rebsorten beflanzt. Württemberg gilt als größter Produzent deutscher Rotweine. Der Nationalheld „Trollinger" steht dabei mengenmäßig immer noch an erster Stelle, ein Wandel ist aber deutlich erkennbar.

Württemberg rüstet auf. In vielen Familienbetrieben und auch in großen Genossenschaften weht ein neuer Wind. Woher er auch kommen mag, die Richtung ist klar – es wird auf Qualität gesetzt. Rebsorten wie Samtrot, Früh- und Spätburgunder haben ihre Freunde unter den Weintrinkern gefunden. Wenn dann auch noch Weine der Sorte Lemberger (= Blaufränkisch) auf den höchsten Stufen der Siegertreppen landen, dann ist das für den deutschen Rotwein insgesamt ein großer Erfolg. Württemberger Weinmacher wie Adelmann, Aldinger, Dautel, Ellwanger, Haidle oder Wöhrwag, um nur ein paar von ihnen zu nennen, haben die Siegerpodeste schon erreicht und präsentieren ihre erstklassigen Rotweine inzwischen nicht mehr nur in Württemberg, ihre Weine stehen auf den besten Weinkarten der Republik.

Im Weingut der Familie Drautz-Able arbeitet man zielstrebig in diese Richtung. Die Weinberge liegen in Heilbronn, Neckarsulm, Erlenbach, Brackenheim, Stetten und Laufen. Junior Markus, er gilt als eines der vielversprechenden Nachwuchstalente in Württemberg, leitet mit seiner Mutter Monika das 16 Hektar große Weingut am Stadtrand von Heilbronn. Er produziert – neben Riesling und Sauvignon Blanc – zu etwa 70 Prozent Rotwein, neben den bereits genannten Rebsorten auch Merlot und Cabernet Sauvignon. Als Gründungsmitglied des Barriqueforums Hades hat die Familie seit 1986 Erfahrung im Umgang mit den kleinen, 225 Liter fassenden Holzfässern aus bester französischer Eiche.

Der Lemberger 2010 aus dem Neckarsulmer Steinkreuz hat mich schon bei meinem letzten Besuch 2012 trotz seiner noch sehr jugendlichen, kantigen Frische überzeugt. Ein Jahr später hat er sich kaum verändert, ist immer noch in Entwicklung mit sehr guter Zukunft. Der zurückhaltende Duft zeigt jetzt mehr von dunklem Beerenkompott, Sauerkirschen, Minze, Lakritze, Schoko und würzigen Holznoten. Auch Pfeffer und Wacholder sind präsent. Die Gerbstoffe wirken schon weniger trocken, verlangen dennoch nach weiterer Reife. Der gehaltvolle Geschmack ist satt und dicht, erstaunlich komplex mit Nachhall, bietet reichlich Stoff und ist spürbar lang im druckvollen Abgang. So erwartet nur der wahre Kenner Württemberger Weine!

FÜR CONNAISSEURE

Der schlechte Ruf Württembergs als Weinbauregion kommt aus einer
Zeit, als die lokalen Rotweine mit viel Restzucker ausgebaut wurden
und keinen Charakter besaßen. Qualität war kein Kriterium, die Weine
mussten vor allem „gebietstypisch" sein. Die Einheimischen stellten
keine besonderen Ansprüche – so konnte sich Württemberg nur zäh
aus seiner Lethargie befreien. Im Vergleich zu anderen deutschen
Weinregionen entwickelte es sich nur langsam in Richtung Qualität.
Neben Trollinger wurde vor allem Schwarzriesling angebaut, der in der
Champagne unter dem Namen „Pinot Meunier" zu Berühmtheit ge-
langte und eine der beiden Rotweinreben für die Champagnerproduk-

tion ist. Inzwischen ist eine junge Winzergeneration herangewachsen, die überzeugend das Potenzial der vernachlässigten Region aufzeigen kann. Neben Spätburgunder setzen sie auch auf Lemberger, wie der Blaufränkisch in Deutschland heißt. Ursprünglich kommt die Rebsorte aus Österreich und Ungarn und wurde im 18. Jahrhundert von dem Adeligen Neipperg, der im Dienste der Habsburger stand, nach Württemberg gebracht. Wenn man der Versuchung widersteht, die Rebsorte mit zu viel neuem Holz zu maskieren, ergibt sie einen hocheleganten Rotwein mit feinen Tanninen und vielschichtiger Struktur, der in gerade idealtypischer Weise seine Herkunft zeigt. *CF*

WEITERE SPITZENPRODUZENTEN
Aldinger, Fellbach
Robert Bauer, Flein
Ellwanger, Weinstadt-Großheppach
Ernst Dautel, Bönnigheim
Fürst Hohenlohe Oehringen, Öhringen-Verrenberg
Rainer Schnaitmann, Fellbach
Sonnenhof, Vaihingen-Gündelbach
Staatsweingut Weinsberg, Weinsberg
Wöhrwag, Stuttgart-Untertürkheim

FÜR UNTERWEGS

Heilbronn liegt an einer der ältesten und
bekanntesten Ferienstraßen Deutsch-
lands, der Burgenstraße.
Entlang des Neckars, im Stadtwald, im
Pfühlpark und vielen anderen Parks der
grünen Stadt kann man wunderbare Spa-
ziergänge unternehmen. Die Kulturszene
in Heilbronn ist bunt: So bietet zum
Beispiel das Theaterschiff ein abwechs-
lungsreiches Programm, das Museum im
Deutschhof wechselnde Ausstellungen.
Die „Südwestdeutschen Salzwerke" in
Heilbronn gehören zu den bedeutendsten
Salzproduzenten Europas.
Hier befindet sich das Besucherbergwerk
Bad Friedrichshall. Nach einer Fahrt in
180 Meter Tiefe erlebt man in einst realen
Abbaustätten die Geschichte des Berg-
werks, begleitet von Lichtinstallationen.
Die Ritterburgen im Neckartal wie die
Burgen Guttenberg und Götzenburg
sind weitere attraktive Ausflugsziele.

RESTAURANTS & HOTELS

Hotel Park Villa, Heilbronn: Die idylli-
sche Villa liegt in einem wunderschönen
Park. Netter Familienbetrieb mit hervor-
ragendem Frühstück.
Restaurant Bachmeier, Heilbronn: Das
kleine Restaurant wird vom Ehepaar
Bachmaier mit viel Engagement betrieben
und ist im Guide Michelin mit einem
„Bib Gourmand" für sein gutes Preis-
Leistungs-Verhältnis ausgezeichnet.
Allegro da Umberto, Heilbronn: Tolles
italienisches Gourmetrestaurant.
Trattoria da Umberto, Heilbronn:
Einfache, italienische Küche auf hohem
Niveau vom gleichen Betreiber. Die
Mamma von Umberto Scuccia sorgt für
kulinarische Freuden.
Restaurant Wielandshöhe, Stuttgart:
Vincent Klink ist ein Urgestein der geho-
benen Gastronomie. Wem es dort nicht
schmeckt, dem ist nicht zu helfen! Beein-
druckender Weinkeller!
Schlosshotel Friedrichsruhe, Öhringen:
Seit Jahrzehnten zählt das Jagdschloss im
Hohenloher Land nicht nur zur kulinari-
schen Spitze, sondern nach seiner Reno-
vierung auch zu den schönsten Wellness-
Tempeln Deutschlands. Küchenchef
Boris Benecke und Direktor Dominique
Metzger sind Garanten für einen kulina-
risch unvergesslichen Aufenthalt.

Schlatter Spätburgunder „SW" 2009

Qualitätswein, trocken
Martin Waßmer
Baden
Deutschland

Zwischen dem Schwarzwald und den Vogesen liegt im weiten Rheintal das badische, von der Sonne verwöhnte Weinanbaugebiet Markgräflerland. Zur Schweizer Grenze ist es nur ein Katzensprung. Im Gegensatz zum benachbarten Kaiserstuhl mit seinen gehaltvollen Burgundersorten ist das Markgräflerland für seine leichten und duftigen Weißweine aus der Rebsorte Gutedel bekannt. Hier ist auch die Heimat des erfolgreichen Weinguts Martin Waßmer. In wenigen Jahren erreichte der noch junge Betrieb höchste Bewertungen der nationalen und internationalen Fachpresse. Sie sind für den zurückhaltenden, eher bescheidenen Winzer sicher von großer Bedeutung, aber die Zufriedenheit seiner Kundschaft, so glaube ich, ist ihm weitaus wichtiger. Besonders wertvoll sind im Weingut Waßmer die teils uralten Rebberge in extremen Steillagen in den Ortschaften Lauffen, Auggen und Schlatt. Hier wachsen die Spezialitäten Merlot, Cabernet Franc, Syrah und die besten Burgundersorten des Hauses. Die Rotweine werden alle in Holzfässern, die exklusiven Selektionsweine in Barriques bester Herkunft ausgebaut. Die längst anerkannte Spitzenqualität des Hauses entsteht hier durch viele Faktoren, die nur in allerbesten Betrieben selbstverständlich sind. Dazu kommen nach Aussage des Winzers Demut, Leidenschaft, Hingabe, Aufmerksamkeit und Sorgfalt um Boden, Lagen, Rebstock und Trauben, sodass er am Ende mit Recht stolz auf das Ergebnis seiner Arbeit sein kann.

Schlatter Maltesergarten GC und Dottinger Castellberg GC sind nicht nur die Spitzen der Pinot-Noir-Linie des Hauses, sondern auch der Spätburgunder-Produktion in Deutschland. Leider ist die Auflage sehr limitiert, was immer zu schnellem Handeln zwingt.

Mich begeistert immer wieder der Schlatter Spärburgunder aus der Selektion SW, der dezent im Barrique ausgebaut wird.

In der Nase weckt er Assoziationen zu Malventee und Hagebuttenblüten, roten Waldbeeren, Cassis, Brombeeren. Am Gaumen erst süßlich, dann kommen Aromen von Kakao und bester Bitterschokolade, dunkle Noten. Reife, aber feste und satte Tannine begleiten den trockenen Nachklang im langen Finale. Ein Klassewein, der in der Welt der Burgunder sehr gut bestehen kann.

FÜR CONNAISSEURE

Pinot Noir wird in Deutschland Spätburgunder genannt und gehört zu den edelsten Rotweinrebsorten. Er ist anspruchsvoll, launisch, braucht beste Lagen und verlangt vom Winzer Erfahrung und Feingefühl. Die Weine zeichnen sich im besten Fall durch besondere Eleganz und Feingliedrigkeit aus. Damit sie nicht zu üppig geraten, benötigen sie einen kühlen Standort und karge Böden. In edelster Form geraten sie im Burgund, in Deutschland gedeihen sie immer besser. In der Pfalz, sogar an der Mosel, in Franken und in Baden gelingt es ein paar wenigen Winzern, sie zu ihrer Höchstform auflaufen zu lassen. Auch im badischen Markgräflerland haben es sich talentierte Winzer wie Martin und Fritz Waßmer sowie Hanspeter Ziereisen zur Aufgabe gemacht, ihren Spätburgundern jene Eleganz zu verleihen, die der Rebsorte würdig ist. Das als Gutedelland bekannte Markgräflerland setzt sich damit vom immer noch gängigen Trend üppiger und holzbetonter Spätburgunder deutlich ab. Die Waßmer-Brüder und H. P. Ziereisen zählen mit ihrer Rotweinphilosophie in ihren noch jungen Weingütern zu jenen Spitzenbetrieben im deutschen Rotweinland, die sich mit präzisen und herkunftsbezogenen Spätburgundern profilieren.

CF

RESTAURANTS & HOTELS

Restaurant La Vigna, Laufen: Italien mitten in Baden. Schon seit Jahrzehnten allerfeinste italienische Küche von der Mamma. Gute Grundprodukte und hausgemachte Pasta.

Hotel Restaurant Hirschen, Sulzburg: Ruhe ist die Devise des kleinen Hotels. Es gibt nur neun Zimmer, alle ohne TV oder Internet und sehr stilvoll eingerichtet. Hier lässt sich gut ruhen nach einem opulenten Mahl aus der 2-Sterne-Küche von Douce Steiner. Mediterrane Küche, saisonal geprägt mit frischem, regionalem Gemüse, Kräutern und Pilzen.

Restaurant & Hotel Storchen, Schmidhofen bei Bad Krotzingen: Das Familien-Hotel und -Restaurant gehört zum noblen Kreis der Jeunes Restaurateurs d'Europe. Die vier Zimmer sind sehr komfortabel und modern ausgestattet. Das mondän eingerichtete Restaurant ist mit einem Stern im Guide Michelin bewertet. Die Küche ist vorwiegend regional und äußerst schmackhaft. Die Weinkarte ist gut bestückt und bietet auch viele französische Gewächse.

Restaurant & Hotel Schwarzer Adler, Winzerhaus Rebstock, Oberbergen-Vogtsburg: Berühmt wurde die Adler-Wirtschaft durch Fritz Kellers Vater: Der streitbare Weinbaron hat den gesamten Kaiserstuhl immer wieder mit seinen Ideen aufgemischt. Er war einer jener Winzer, die trocken ausgebaute Burgunder favorisierten. Der alte Franz Keller hat schon damals über den Tellerrand geblickt und ein Imperium aufgebaut, bestehend aus Weingut, Weinhandel und Restaurant. Dessen Weinkarte gehört zu den umfangreichsten Deutschlands. Heute wird es von Sohn Fritz mit großem Erfolg weitergeführt. Die Adlerwirtschaft ist immer einen Umweg wert. Traditionelle französische Küche mit Schwerpunkt Elsass, die sich auch modernen Einflüssen nicht verweigert. Im Rebstock nebenan gibt es herrliche Landküche. Im Herbst 2013 wurde im neugebauten Weingut die Weinwirtschaft eingeweiht.

Hotel Colombi, Freiburg: Mit 5 Sternen Plus gehört das Colombi zur Gruppe „Leading Hotels of the World". Die Luxusherberge wird sehr persönlich und familiär geführt, die Küche ist ausgezeichnet. Große Weinkarte, Schwergewicht Baden und Frankreich. Zentral gelegen.

SEHENSWÜRDIGKEITEN

Der nahe Schwarzwald ist bezaubernd und bietet viel Abwechslung. Das Münstertal, der Titisee, die Schwarzwaldhochstraße und zahlreiche Kurorte wie Bad Krotzingen und Badenweiler sind einen Besuch wert.

Freiburg im Breisgau hat eine schöne Altstadt, tolle Kneipen und allerlei Sehenswürdigkeiten: vom Münster bis zum Hausberg. Der Markt am Münster ist sehr sehenswert.

Cabernet Franc Barrique 2011

QbA trocken
F. Völcker'sche Gutsverwaltung,
Pfalz
Deutschland

Mußbach in der Pfalz ist einer der zahllosen Weinorte in Deutschland, die noch so gut wie niemand näher kennt, außer er ist Mußbacher, Pfälzer, Weinbauer, Weinfreak oder jemand, der mit deutschen Weinen handelt. Alle anderen werden auf die Frage, „Kennen Sie einen Winzer in Mußbach?", mit Kopfschütteln antworten. Schade drum, denn in diesem versteckten Weindorf gibt es eine Adresse, die ich heute immer noch als Geheimtipp bezeichnen würde: das Weingut Wilfried Völcker, an der Eselshaut 15.

Meinem Besuch Anfang 2013 ging eine Probeflasche Cuvée N° 4 voran, die ich von einem Freund geschenkt bekam. Nachdem er so voller Begeisterung und voll des Lobes für diesen deutschen Rotwein war, wollte ich doch genauer wissen, was hinter dem mir ganz und gar unbekannten Weingut steckte. Umso mehr staunte ich, als Wilfried Völcker mich in sein Kellergewölbe führte, es stammt noch aus dem 16. Jahrhundert. Das Herzstück des Weinguts bietet mit seiner Ost-West-Ausrichtung optimale Bedingungen für eine naturnahe Weinbereitung, das scheinbar einfache Sandsteingewölbe gleicht einer architektonischen Meisterleistung. Noch nie habe ich in einem so tiefen Keller eine so klare, frische Luft atmen können, frisch wie eine Brise Meeresluft mit einem Hauch Salzigkeit und Mineralität. Hier ruht der Wein (eine übersichtlich kleine Menge), aber ich könnte mir diesen Ort auch gut als Ruheplatz in warmen Sommermonaten vorstellen. Inzwischen glaube ich nach einigen Proben aus Völckers Weinprogramm, dass dieser Keller mit seiner Ausstrahlung mehr Einfluss auf die Entwicklung und Reife des Weines hat als jeder andere Keller, den ich gesehen habe – und sei er noch so modern und hochklimatisiert.

Auf die Frage, was er denn im Keller so anders mache als die berühmten Kollegen aus der Nachbarschaft, antwortet Völcker schüchtern: „Nichts, oder besser gesagt: Ich weiß es nicht. Ich bin allerdings vom ersten bis zum letzten Moment selbst im Weinberg, und das ist heute bei wenigen Winzern noch eine Selbstverständlichkeit, genau genommen ist es unbezahlbar. Ich erziehe meine Reben selbst und lasse sie bis zur Ernte nicht aus den Augen." Vielleicht ist auch das ein Teil des Geheimnisses, warum die Weine so gut, so natürlich gut und doch so anders schmecken als die seiner Kollegen.

Neben den köstlichen Weißweinen – Müller-Thurgau, Weißburgunder, Riesling und Chardonnay – haben es mir die Roten angetan. Der letzte Jahrgang ist längst ausverkauft, denn aus den neun Hektar Rebfläche werden leider nur kleine Mengen produziert, aber mit der neuen Ernte sind alle sehr zufrieden, ich inklusive.

Die Fassprobe des 2011er Caberbet Franc Anfang des Jahres 2013 zu
bekommen, hat mich viel Überzeugungskunst und Charme gekostet, doch Wilfried Völcker willigte schließlich ein und schickte ein
halbes Probefläschchen auf den Weg, mit dabei eine Flasche 2009er
zum Vergleich, eine der wenigen letzten Flaschen. Danke auch dafür,
der Wein hat wunderbar geschmeckt! Ich konnte damit wunderbar
ermessen, wie sich der Jahrgang 2009 entwickeln könnte. Die nahezu
schwarze Farbe hatte einen strahlenden, leuchtenden Glanz. Der Duft
von schwarzen Beeren wie Cassis, Holunder und wilden Heidelbeeren wurde von Blüten- und Gewürzaromen sogar noch übertroffen.
Was für ein Reichtum schon alleine in der Nase! Der Geschmack war
schon mit dem ersten Schluck überzeugend, trotz dieser sprühenden
Jugend, dieser lauten Frucht. Die sahnige, samtweiche Tannintextur
lässt an Zauberei denken, denn zu diesem Zeitpunkt, der Wein lag
22 Monate im brandneuen Eichenfass, ist so ein Ergebnis eigentlich
unmöglich. Und dennoch, dieser Wein umarmte mich von der ersten
Minute an, war ein genussvolles, vielschichtiges Trinkvergnügen,
welches erst mit dem leeren Glas endete. Wie wird das wohl sein,
wenn der Wein erst ein paar Jahre der Ruhe und Reife hinter sich hat?
So wie der Jahrgang 2009? Ja, dann ist alles gut, denn der hatte seine
Reize ohne Kurven oder Ecken, alles an der richtigen Stelle.

**WEITERE
SPITZENPRODUZENTEN**
Von Winning, Deidesheim
Acham-Magin, Forst
Ökonomierat Rebholz, Siebeldingen
Knipser – Johannishof, Laumersheim
Christmann, Neustadt
Dr. Wehrheim, Birkweiler

FÜR CONNAISSEURE

Jeder dritte deutsche Wein kommt aus der Pfalz. Die Region im Westen Deutschlands zählt mengenmäßig zu den größten Weinbaugebieten Deutschlands. Immer noch liefern 60 Prozent der Winzer ihre Trauben an Genossenschaften oder Großbetriebe. Es gibt fast keine Rebsorte, die hier nicht angebaut wird. Trotzdem ist die Pfalz derzeit eines der interessantesten Weinbaugebiete. Kaum eine andere Region hat in den letzten Jahren einen derartigen Aufschwung erlebt.

Wie das benachbarte Elsass bietet die Pfalz optimale Bedingungen für den Weinbau: Das Klima ist besonders mild, die Sonne scheint

häufiger und es gibt weniger Niederschläge als in anderen deutschen Regionen. Sie erstreckt sich etwa 80 Kilometer entlang des Pfälzer Waldes und ist daher von kalten Winden und schlechter Witterung weitgehend geschützt. Außerdem gibt es eine Vielfalt unterschiedlichster Böden, die den Weinen eine differenzierte Charakteristik verleihen. Die besten Winzer setzten daher schon früh auf individuelles Terroir in ihren Weinen. Der Erfolg gibt ihnen Recht. Und so zählen inzwischen nicht nur die meist trockenen Weißweine, sondern auch die roten Gewächse zu den spannendsten Weinen Deutschlands.

CF

FÜR UNTERWEGS

RESTAURANTS & HOTELS

Die gesamte Pfalz ist für den Genießer guter Küche und edler Weine ein Eldorado.

In der **Gutsschänke Völcker** in Neustadt an der Weinstraße. Neben dem Weingut finden hungrige Weintrinker herzhafte Regionalküche in erstklassiger Qualität. Dazu gibt es die großartigen Weine der Völckers, ohne Limit!

Ketschauer Hof, Deidesheim

Restaurant Leopold im Weingut von Winning, wenige Kilometer von Deidesheim

Hotel Krone, Herxheim bei Landau

HEIDELBERG

Restaurant Le Gourmet im **Hotel Hirschgasse**

Luxusklasse: **Der Europäische Hof und das Designhotel Denner**

SEHENSWÜRDIGKEITEN

Die Städte der Pfalz sind reich an kulturellen Schätzen: Die hübsche Altstadt von Heidelberg mit ihrem Schloss oder der Dom von Speyer sind nur einige sehenswerte Beispiele.

Einen Besuch wert ist auch Bad Dürkheim mit seinem berühmten Weinfest, dem „Worschtmarkt", das immer im September stattfindet.

Kulinarische Spezialitäten sind hier der „Saumagen", eine speziell gefüllte Wurst, sowie Schlachtplatten, „Handkäse mit Musik" (Sauermilchkäse in einer speziellen Marinade), Quetsch- oder Zwiebelkuchen und der sogenannte „Kerscheplotzer" (Kirschkuchen).

Weine kaufen Sie am besten in der gut sortierten Vinothek „Extraprima Mannheim".

Madiran, Sud-Ouest
Côteaux du Languedoc
Beaune, Burgund
Bordeaux
Rhônetal

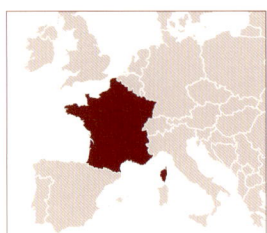

FRANKREICH

Château Montus Cuvée Prestige 2008

Alain Brumont
Madiran, Sud-Ouest
Frankreich

Ich kann mich noch gut erinnern, als Alain Brumont Ende der 1980er Jahre voller Stolz seinen „Montus Cuvée Prestige" in Deutschland präsentierte. Das war damals schon eine kleine Sensation auf dem Weinmarkt: ein völlig unbekannter Wein aus einer genauso unbekannten Rebsorte zu einem Spottpreis. Die ganze Fachwelt war überrascht.

Und immer wieder hörte ich Vergleiche mit Bordeaux. Das konnte ich nicht nachvollziehen, denn schon allein die eigenständige Rebsorte Tannat, aus welcher der Wein produziert wird, hat keine Spur Ähnlichkeit mit Cabernet oder Merlot. Der Vergleich bezog sich aber seinerzeit nur auf die Qualität und ihren Preis.

Alain Brumont war der erste und ist bis heute mit Abstand der bekannteste Winzer in Madiran, der diesen Wein in seiner Wildheit gezügelt hat. Dank seiner Bemühungen konnte die Region im Südwesten Frankreichs ihren einstigen Ruf – „Wein der Könige" zu produzieren – zumindest teilweise wieder zurückgewinnen. Und dennoch, Freunde und Kollegen, ja sogar der eigene Vater hielten Brumont damals für völlig übergeschnappt, als er 1980 die Cabernet-Rebstöcke aus den 50er Jahren durch die Tannat-Reben ersetzte. Gottlob, er tat es – ich habe noch ein paar Flaschen vom gewaltigen 1985er, der Wein ist eine Sensation. Schade, dass man ihn nicht auf Rezept beim Arzt bestellen kann!

Madiran liegt nordöstlich von Pau, oder Lourdes, nordwestlich von Tarbes, von dort kam lange der Wein der Pilger auf dem Jakobsweg nach Santiago de Compostela. Die Weine aus Cahors waren bis ins 19. Jahrhundert seine größten Konkurrenten. Die gerbstoffgeladenen Madiran-Weine sind ideale Begleiter für fettreiche, kräftige, rustikale Gerichte wie Rillettes von Enten oder Gänsen, Gänseleber in allen Variationen, Gerichte mit schwarzen Perigord-Trüffeln, Gemüseeintöpfe, Rindfleisch-Ragout, Hammelfleisch, Entenmagret oder ein Gänseconfit.

Die zahlreichen, sehr ausgeprägten Tannine der Tannat-Traube, sie befinden sich in den dicken Traubenschalen, werden von Medizinern sehr geschätzt. Dazu gehört auch Resveratrol, ein sogenanntes Polyphenol, dem unter anderem das „französische Paradoxon" zu danken ist. Demnach leben Franzosen trotz ihres hohen Alkoholkonsums, vor allem Rotwein, länger als Deutsche oder Amerikaner und ihre Alterungsmerkmale sind weniger ausgeprägt. Seit der Veröffentlichung der Forschungsergebnisse von Roger Corder in der Wissenschaftszeitschrift *Nature* gelten die Tannat-Weine als „gesündeste" Rotweine überhaupt.

Der farbintensive, beinahe schwarze Wein aus dem Hause Brumont ist in erster Linie von animalischen Primäraromen geprägt. Danach erkennt man Ledernoten, Tabak, Kamin, Rauch, Speck, Moos, Wald oder Unterholz. Das muskulöse Gerüst und sein mannlicher Charakter werden ergänzt von fleischigem Stoff und sinnlichen Noten, die erst mit seiner Reife in Erscheinung treten. Daher lohnt es sich, diese Weine für ein gutes Jahrzehnt zu lagern.

FÜR CONNAISSEURE

Die Region Sud-Ouest (Südwesten) lag schon immer ein wenig im Schatten des im Norden angrenzenden Bordelais. Obwohl auch sie auf eine lange Weinbautradition verweisen kann, die bis in die Antike zurückreicht, konnte sie nie am Ruhm des berühmten Nachbarn anschließen.

Die Böden sind eine Mischung aus Lehm und Kalkstein; das Klima zeichnet sich aufgrund des nahen Atlantiks durch milde Winter und viel Niederschlag aus.

Die Region bietet eine Fülle an Appellationen, autochthonen Rebsorten und verschiedenen Weinstilen: Die Appelation Cahors ist für ihre kräftigen und rustikalen Rotweine bekannt, die von der heimi-

schen Rebsorte Auxerrois (= Malbec) geprägt sind. Aus Jurançon kommen interessante Weißweine, und in Bergerac baut man Monbazillac an, eine günstigere Alternative zum Süßwein Sauternes.

Die dynamischste Appellation Contrôlée aber ist Madiran, deren aromatische Rotweine traditionell aus der lokalen Rebsorte Tannat produziert werden. Tannat ist, wie der Name schon sagt, stark von Tanninen geprägt und somit extrem spät reifend und sehr gut lagerfähig. Um seine Widerspenstigkeit in der Jugend zu zähmen, arbeiten viele Winzer mit kontrollierter Mikrooxidation, der Beigabe von Sauerstoff während der Gärung. Das macht den Wein weicher und gefälliger. Ein guter Madiran ist durchaus vergleichbar mit einem Cru Classé aus Bordeaux.

CF

WEITERE SPITZENPRODUZENTEN
Chateau Bouscassé, Maumusson-Laguian
Domaine Berthoumieu, Gers
Chateau Laffitte Teston, Maumusson
Chateau d'Aydie, Aydie

FÜR UNTERWEGS

Die Region Madiran liegt etwas im Abseits und ist beinahe 200 Kilometer von den größeren Städten Bordeaux, San Sebastian oder Biarritz entfernt, zeichnet sich dafür aber durch herrliche Landschaften und Natur pur aus. Die nahen Pyrenäen bieten zahlreiche Wander- und Ausflugsmöglichkeiten.

SEHENSWÜRDIGKEITEN

Pau, etwa 50 Kilometer von Madiran entfernt, ist der Geburtsort von König Heinrich IV. und besitzt ein stattliches Schloss, das einen Besuch lohnt. Rundherum liegen etliche Gebirgspässe – und so wundert es auch nicht, dass die Rennradstrecke der Tour de France durch den Ort führt.

Die imposante Hafenstadt Bayonne (Namensgeber des berühmten Schinkens) liegt auf dem Weg nach Saint-Jean-de-Luz, einem bezaubernden, kleinen Badeort.

Fährt man am Golf von Gascogne entlang in Richtung Bordeaux, kommt man an Biscarrosse Plage vorbei. Wer Zeit hat, sollte unbedingt einen Strandurlaub in dem pittoresken Ferienort einplanen. Es gibt dort jede Menge nette Ferienwohnungen zu mieten.

RESTAURANTS & HOTELS

Le Prieuré, Madiran: Gepflegtes 3-Sterne-Hotel und Restaurant.

Hôtel de la Plage, Saint-Jean-de-Luz: Geschmackvolles 3-Sterne-Hotel und Restaurant.

Hotel Le Rex, Tarbes: Stilvolles 4-Sterne-Design-Hotel mitten im Zentrum.

Las Flors de la Pèira 2010

La Pèira en Demaisèla
Terrasses du Larzac
Côteaux du Languedoc
Frankreich

Im September 2010 berichtete Jay McInerney im *Wall Street Journal* überschwänglich über die Weine von „La Pèira en Demaisèla" und verglich die Qualität des 2007er mit den legendären 100-Punkte-Weinen 1989 La Mission Haut Brion und 1990 Châteauneuf-du-Pape Reserve des Célestins von Henri Bonneau. Der hochtalentierte und ebenso anerkannte Journalist ist mit seiner Aussage aber nicht alleine. Alle berühmten Kritiker der Szene schrieben oder schreiben Ähnliches. Mich haben die zahlreichen Lobeshymnen erst im Spätherbst 2012 dazu bewegt, endlich ein Probepaket zu ordern.

Ein nebliger, dunkler Nachmittag im November wurde schon mit dem ersten Roten, dem Basiswein „Les Orbriers de la Pèira", ins rechte Licht gerückt. Der Zweitwein des Hauses „Las Flors de la Pèira" hat nicht nur schon beim ersten Schluck überzeugt, er hat die restliche Planung des Tages stark verändert. Die Flasche sorgte für ein abendfüllendes Programm – ich hatte Mühe, für weitere Proben in den Tagen darauf einen Rest in der Flasche zu lassen. Nachtschwarz präsentierte sich sein Farbbild. Die wilden Aromen von Kräutern, Gräsern und Blumen erweckten den Anschein, als würde sich die ganze „Garrigue-Flora", mediterrane Heidesträucher, in Szene setzen wollen. Der Geschmack ist wie der Duft: umwerfend gut! Sanfter Fluss und Druck am Gaumen. Volle Reife der Säure und der Tannine. Komplex mit fester Textur, voller Dynamik im langen Finale. Das Meisterwerk 2010 von La Pèira en Damaisèla ist eine sensationelle Überraschung, nicht nur auf das Weingut, sondern auf die ganze Region bezogen. Ich habe den Wein bei unterschiedlichen Temperaturen über fünf Tage verkostet, das Ergebnis blieb eine umwerfende Essenz des Weins, ein Wein für den Keller eines jeden Weinfreaks.

Der australische, in London lebende Komponist Rob Dougan ist Besitzer der Domaine, die Verantwortung für die Glanzstücke trägt Jérémie Depierre, der Önologe, der sein Handwerk auf Château Margaux gelernt hat. Den ersten Jahrgang hat man auf Pèira 2006 gekeltert.

Das nördliche Herault, zu dem das Gebiet Terrasses du Larzac gehört, ist jene Region, die durch die Domaine Mas de Daumas Gassac (erster Jahrgang 1978) in der weiten Weinwelt bekannt wurde. Viele großartige, kleine Kellereien folgten.

Die wichtigsten Rebsorten sind Grenache, Cinsault, Syrah, Mourvèdre und Carignan. Das exzellente Terroir besteht in erster Linie aus steinigen Böden wie rotem Granit und Schwemmland. Ein großes Terroir für große Weine!

FÜR CONNAISSEURE

Languedoc ist mit knapp 300.000 Hektar nicht nur die größte Weinregion Frankreichs, sondern produziert auch mit Abstand die höchste Menge an Wein. Selbst Rodungsprämien der EU für schlechte Lagen konnten die Mengen kaum verringern. Bis in die 1990er Jahre herrschte das Credo „Quantität vor Qualität", sodass die Region vor allem für billigen und dünnen Massenwein bekannt war, den man häufig sogar mit Importweinen aus Algerien aufmischen musste.

Freilich gibt es immer noch viele Produzenten, die ihre Trauben an Genossenschaften abliefern, aber seit einiger Zeit findet man immer mehr Winzer, die das Potenzial der Region erkennen und auch in die Flasche bringen. Häufig handelt es sich dabei um junge Winzer und Quereinsteiger.

Viele Produzenten arbeiten außerhalb der starren Regel einer AC und füllen ihre Weine als „Vin de Pays" ab. Schlechter sind sie deswegen nicht, ganz im Gegenteil. Die Domaine Mas de Daumas Gassac hat schon in den späten 1970er Jahren aufgezeigt, wie interessant sogenannte Landweine aus dem Languedoc sein können. Wichtig sind hohe Lagen, karge Böden und natürlich kompromissloses Qualitätsstreben. Die besten Weine aus dem Languedoc sind vom Schiefer oder kieshaltigen Kalkstein geprägt und daher sehr mineralisch. Im Herault, dem Anbaugebiet von La Pèira, sorgt das Cevennen-Gebirge zusätzlich für kühle Winde aus dem Norden, was ihren Weinen besondere Finesse verleiht.

WEITERE SPITZENPRODUZENTEN
Domaine des Aires Hautes, Minervois
Domaine Mas de Daumas Gassac, Aniane, Vallée de l'Hérault
Grange des Pères, Vallée de l'Herault
Mas Julien, Jonqueyeres, Terrasses du Larzac
Les Grandes Costes, Vacquières
L'Oustal blanc, La Livinière, Minervois
Pierre Cros, Minervois

CF

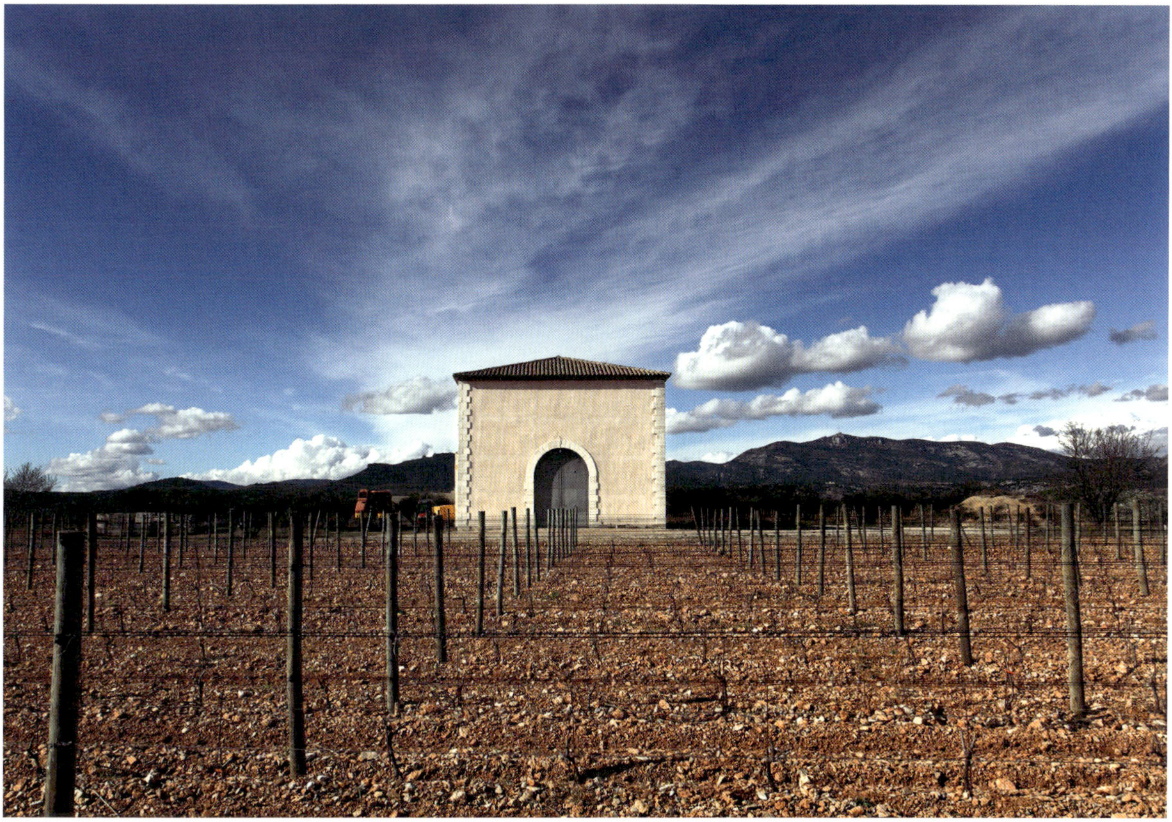

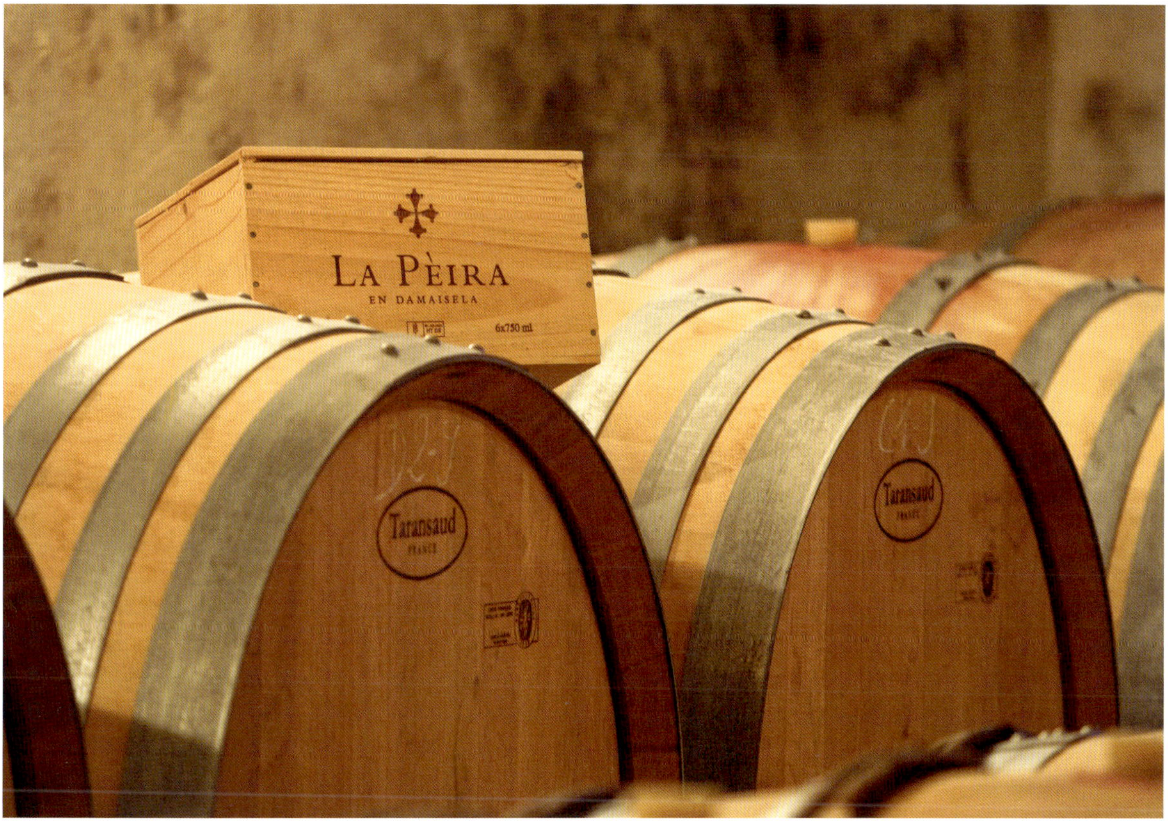
LA PÈIRA
EN DAMAISELA
6x750 ml
Taransaud
Taransaud

FÜR UNTERWEGS

Montpellier wurde mit enormen finanzi-
ellen Mitteln renoviert und zu einer mo-
dernen Stadt umgebaut. Die alte Dame
erstrahlt heute in neuem Glanz. Schöne
Altstadt mit etlichen Gelegenheiten zum
Flanieren und Einkaufen.
Die Region Herault, in der auch das
Weingut liegt, ist landschaftlich noch
völlig intakt und wirklich reizvoll. Die
Schlucht „Cirque de Navacelles" oder die
„Grotte de Demoiselles" gehören zu den
interessantesten Ausflugszielen.

RESTAURANTS & HOTELS
Das **Restaurant Le Jardin des Sens** in
Montpellier hat drei Sterne im Guide
Michelin. Sehr teuer und leider nicht
immer auf Top-Niveau. Das gleichnami-
ge Hotel ist Teil der Relais-&-Châteaux-
Gruppe.
Außerhalb von **Montpellier** kann ich das
Restaurant und **Hotel La Terrasse du
Mimosa** in Montpeyroux und das **Res-
taurant L'Affenage** in Aniane empfehlen.

Beaune Clos des Mouches 1er Cru 2009

Chanson Père & Fils
Beaune, Burgund
Frankreich

Das Weinhandelshaus Chanson Père & Fils in Beaune in der Bourgogne wurde 1750 gegründet und blieb bis zu seinem Verkauf 1999 ein Familienbetrieb. Es durchlebte wie alle Handelshäuser im Burgund ganz große Zeiten mit großen Weinen und wirtschaftlichen Erfolgen, denen aber auch dürre Jahre folgten – mit Weinen unterschiedlichster Qualitäten und stagnierenden Absatzmärkten. Die Märkte weltweit reagierten zurückhaltend. Und so entstanden Überlegungen, welche Veränderungen zu den goldenen Zeiten zurückführen könnten. Chanson Père & Fils kam dank des Verkaufs an das Champagnerhaus und Familienunternehmen Bollinger in einen Kreis erfahrener Weinfachleute und Spezialisten, die in kürzester Zeit Weine des früheren Qualitätsniveaus erzeugten. Hier hat nicht nur die finanzielle Unterstützung, sondern eben auch das Know-how der Company zum Erfolg geführt.

Mir sind die Weine von Chanson mit ihrem deutlich gestiegenen Qualitätsniveau erst vor Kurzem aufgefallen. Das war auf einer großen Probe, bei der Pinot Noirs aus der ganzen Welt vorgestellt wurden, so auch einige von Chanson Père & Fils. Zum Weingut gehören 43 Hektar Weinberge in den Gemeinden in Chassagne- und Puligny-Montrachet, Pernand-Vergelesses, Santenay, Savigny-lès-Beaune und in Beaune selbst. Mich hat der Beaune „Clos des Mouches" am meisten begeistert. Die Hälfte dieser 25 Hektar großen Lage gehört der Familie. Die Weine aus dieser Premier-Cru-Lage am südlichen Ende der Appellation Beaune, im Anschluss an Pommard, kenne ich von Joseph Drouhin schon seit vielen Jahren. Sie haben mich schon in frühen Jahren begeistert, und zwar speziell in großen Jahrgängen. So wundert es mich nicht, dass mir in der Probe dieser 2009er ganz besonders gut geschmeckt hat. Im Dialekt übersetzt heißt „Clos des Mouches" übrigens nicht „Berg der Fliegen", sondern „Berg der Honigbienen".

Das leuchtende, helle Kirschrot strahlte wie ein makellos geschliffener Stein. Der Duft wirkte im ersten Eindruck wie eine Schale voller Roter Grütze (Beerensüßspeise). Frisch, aromatisch, reif, leicht süßlich, würzig, mit Anklängen von Kakaopulver. Im Mund fleischig, saftig, rund mit harmonischer Textur und angemessener Länge im Abgang. Nahezu aristokratisch.

FÜR CONNAISSEURE

Das Herzstück der Bourgogne, die Côte d'Or, ist eine Legende und zählt zu den spannendsten, aber auch teuersten Weinregionen der Welt. Für einen eleganten Chardonnay oder feingliedrigen Pinot Noir geben Weinfreunde aus aller Herren Länder gerne ein Vermögen aus. Anders als in Bordeaux ist es für den Weinliebhaber schwer, sich zu orientieren, trifft man doch auf unterschiedlichste Bodenbedingungen innerhalb nur weniger Quadradmeter, sodass auch gute Lagen keine hervorragende Qualität garantieren. Die Klassifizierung der Lagen und die Bezeichnungen der Weine sind äußerst komplex und eine Wissenschaft für sich.

Während im südlichen Teil der Côte de Beaune die besten Chardonnays angebaut werden, produziert man in der Côte de Nuits im Norden ausschließlich Rotwein, Gevrey Chambertin ist einer ihrer bekanntesten Orte. Die Pinot Noirs aus dieser Region gehören ohne Zweifel zu den feinsten und langlebigsten der Welt. Das kühle Klima, die Böden aus Mergel, Kalkstein und Geröll und eine Reihe selbstbewusster Weinmacher, die auf eine lange Traditon aufbauen, sind das Geheimnis der begehrten Weine.

WEITERE SPITZENPRODUZENTEN
Henri Boillot, Mersault
Jacques Prieur, Mersault
Pierre Morey, Mersault
François Mikulski, Mersault
Marquis d'Angerville, Volnay
Comte Armand, Pommard
Joseph Drouhin, Beaune

CF

FÜR UNTERWEGS

RESTAURANTS & HOTELS

L'Ecusson, Beaune: Wunderschönes Ambiente mit nur wenigen Tischen. Madame bietet einen exzellenten Service, Monsieur kocht phänomenal. Bester Käse, immer perfekt gereift. Tolle Weinkarte mit angemessenen Preisen. Hier bekommt man den besten „Kir" der Stadt. Kein Besuch in Beaune ohne L'Ecusson!

Caves Madeleine, Beaune: Durch eine unscheinbare Tür in einem Schaufenster gelangt man ins Innere des Restaurants. Hier erwartet den Gast eine typisch französische Landküche mit traditionellen Spezialitäten wie Jambon Persillé, Andouillette (die französische Innereienwurst), Schnecken und manchmal Froschschenkel. Die Crème de la Crème der Winzer trifft sich hier, um Weine allerbester Herkunft zu genießen. Ein einfaches, aber äußerst empfehlenswertes Restaurant.

Le Caveau des Arches, Beaune: Ich kenne das Restaurant seit Jahren und konnte mich immer wieder von der gleichbleibend guten Qualität der Küche überzeugen. Empfehlenswert sind die Fisch- und Geflügelgerichte. Die Weinkarte lässt wenige Wünsche offen und ist auch preislich interessant.

Le Benaton, Beaune: Das kleine Restaurant mit Terrasse ist einfach, aber stilvoll eingerichtet. Die Küche biete französische Klassiker mit einem Hauch Moderne. Die Weinkarte lässt mein Herz jedes Mal höher schlagen.

Relais & Chateaux – Hostellerie de Levernois, Levernois: Wunderschönes Hotel der Luxusklasse mit Parkanlage und Golfplatz, das jeden Euro wert ist. Exzellente Küche, ausgewählte Weine und familiäre Atmosphäre. Seit vielen Jahren eine zuverlässige Adresse!

Hotel Le Montrachet, Puligny-Montrachet, in unmittelbarer Nachbarschaft zur Domaine Leflaive: Gut geführtes Familienhotel, hervorragende traditionelle Küche und ein gut gefüllter Weinkeller mit Weinen zu moderaten Preisen. Volaille de Bresse en Cocotte Lutée ist mein Lieblingsgericht. Ich komme immer wieder gerne hierher.

Château de Saulon, Saulon-la-Rue: Das prachtvolle Château aus dem 17. Jahrhundert liegt 15 Kilometer von Dijon entfernt mitten in einem herrlichen Park.

Hier fehlt es an nichts: Tennisplatz, Pool
und eine wunderschöne Landschaft. Ein
idealer Ausgangspunkt für Touren nach
Vosne-Romanée zu den besten Pinot-
Noir-Weinlagen der Welt.

SEHENSWÜRDIGKEITEN
Beaune ist zu jeder Jahreszeit wunderbar
und trotz zahlreicher Touristen französisch geblieben. Ich bevorzuge die
Monate März bis Juni für einen Besuch.
Rund um den Marktplatz und das Hôtel-
Dieu, einem ehemaligen Hospital, das
vom Kanzler Nicolas Rolin finanziert
und im 15. Jahrhundert erbaut wurde,
findet man unzählige kleine Gassen mit
besonderen Geschäften, die Käse, Brot,
Feinkost, Pâtisserie und nicht zuletzt
Weine der Region anbieten. Sehenswert
ist auch der Marché aux Vins.

Château Monbrison 2011

Cru Bourgeois
Margaux AOC
Bordeaux
Frankreich

Margaux – der Name klingt nicht nur angenehm, der Wein vom gleichnamigen Weingut, Château Margaux, schmeckt auch sehr gut, in vielen Jahren sogar erstklassig. Château Margaux macht seit den 1980er Jahren unter seinen damals noch neuen Besitzern, der Familie Mentzelopulos, seinem Namen wieder alle Ehre. Margaux ist aber nicht nur ein Weingut von höchstem Rang, ein sogenanntes „Premier Grand Cru Classé", von dem viele andere Weingüter in der Nachbarschaft profitieren, sondern Margaux wird auch die ganze Appellation um dieses Weingut herum genannt. Dabei handelt es sich um eine riesige Fläche von etwa 1.340 Hektar, auf der viele klassifizierte Weingüter des Médoc Wein anbauen. Nicht alle entsprechen mit ihren Weinqualitäten auch ihrem Status, eine Änderung der Klassifikation würde jedoch vermutlich eine erneute Revolution in ganz Frankreich auslösen. Also bleibt alles so, wie es ist – und wir Weintrinker suchen die berühmte Nadel im Heuhaufen. Ich habe dank erfahrener Begleitung von Bill Blatch in Bordeaux immer wieder das Glück, diese Nadel zu finden, so zum Beispiel das Château Monbrison in Arsac, das ganz im Süden der Region Margaux liegt. Seine schwierigen Zeiten hat das nur 14 Hektar kleine Weingut inzwischen hinter sich gelassen, nachdem Jean-Luc Vonderheyden, sein Inhaber und Önologe, 1992 mit 35 Jahren verstorben ist.

Sein Bruder Laurent kam aus Amerika zurück, krempelte die Ärmel hoch, lernte, was er lernen konnte, und stieg in die Fußstapfen seines Bruders. Nach anfänglich schwierigen Jahrgängen wie 1993, 1994 und 1995 fand das Weingut zur ursprünglichen Klasse zurück.

In diesen wenigen Jahren hat Laurent es dann doch geschafft, Monbrison wieder auf Kurs zu bringen. Mit Hilfe des Önologen Jacques Boissenot ist er mit einzelnen Jahrgängen sogar auf einer Qualitätsstufe angekommen, die einen Vergleich mit seinen weltberühmten Nachbarn in der Appellation nicht zu scheuen braucht. Und darauf ist man zu Recht besonders stolz. Eine kleine Vertikal-Verkostung der Jahrgänge 2011, 2010, 2009 und 2008, an der ich teilnehmen durfte, stellte die konstante Qualität der Weine unter Beweis. Allerdings sollte man diesen Weinen noch ein paar Jahre Ruhe gönnen. Schade, dass wir keine Zeit mehr für den superben 1996er hatten, doch der Jahrgang 2011 entschädigte uns an jenem Abend dafür.

Zum Glück habe ich davon noch eine Kiste im eigenen Keller.

Welch ein Duft! Verführerisch! Blaue Blüten und rote Früchte wechseln sich ab im tänzerischen, schwebenden Parfüm. Reife Beeren, zarte Gewürze und dezente Holzaromen. Verschwenderisch feine, gut verpackte Tannine, dicht, dennoch fein, reif und fest. Im Mund delikat mit Saft, Schmelz und großer Harmonie. Mittelgewichtig mit großer Eleganz und der so typischen Finesse für Margaux, auf die man bei vielen anderen Weinen vergeblich hofft. Und der Preis ist unglaublich! – Der Langschläfer des Jahres!

FÜR CONNAISSEURE

Das Klima im Médoc ist aufgrund der Nähe zum Meer gemäßigt und milder als im übrigen Bordeaux. Die Wälder schützen es vor starken Meereswinden, die Thermik ist für den Weinbau günstig. Unter diesen Umständen kann auch die spät reifende Rebsorte Cabernet Sauvignon meist völlig ausreifen.

Die Appellation Margaux im Süden des Médoc hat eine Gesamtrebfläche von rund 1.400 Hektar. Margaux mit den Nachbargemeinden Arsac, Cantenac, Labarde und Soussans verfügt klimatisch über eine Besonderheit: Es ist dort noch milder als im übrigen Médoc, weshalb die Trauben meist acht bis zehn Tage früher reif sind. Die fruchtbare obere Bodenschicht ist relativ dünn und vor allem im Osten der Appellation stark mit Kies durchsetzt. Der Anteil an grobem Kies ist hier am höchsten, die Böden trocknen auch in feuchten Jahren gut. Die Rebstöcke werden mit wenig Wasser und Nährstoffen versorgt und die Wurzeln müssen tiefer dringen. Das ist der Grund für die Margaux-charakteristischen, delikaten und eleganten Weine. Weiter im Westen ist mehr Lehm im Boden, die Weine fallen dort etwas fester aus.

Das berühmteste Weingut ist Château Margaux, schon alleine das Gebäude ist beeindruckend und imposant. Eine von großen Platanen gesäumte Allee führt zu einem palastartig anmutenden Landhaus von beachtlicher Dimension. Der aus Griechenland stammende Unternehmer André Mentzelopoulos kaufte das Château 1977 nach Jahren des Niedergangs und scheute weder Geld noch Mühe, um es zu restaurieren und ihm wie dem Wein, der zuvor seine Qualität stark eingebüßt hatte, wieder zum alten Glanz zu verhelfen. Mit dem qualitativen Aufstieg des bekannten Premier-Cru-Château kam die gesamte Appellation wieder zu dem Ansehen, das sie einst auszeichnete. *CF*

WEITERE SPITZENPRODUZENTEN
Château Margaux, Margaux
Château Palmer, Margaux
Château Giscours, Labarde
Château Brane-Cantenac, Cantenac
Château d'Issan, Cantenac
Château Malescot St. Exupéry, Margaux

FÜR UNTERWEGS

RESTAURANTS & HOTELS

Le Lion d'Or, auf der Route de Vin zwischen Margaux und St-Julien in Arcins gelegen: Erstklassiges Landhaus mit bester, traditioneller französischer Küche. Immer gut für einen Lunch zwischen den Weinverkostungen. Exzellente Gänseleberpâte, herrliche Schinken, frische grüne Salate, Pauillac-Lamm und Käse.
Der Inhaber kocht selbst, kann sehr charmant sein, aber durchaus auch launisch. Man kann sogar eigene Weine zum Trinken mitbringen. Hier speist der gesamte Weinadel von Bordeaux. Wenn ich in Bordeaux bin, komme ich jedes Mal hierher.

Château Beau Jardin, Gaillan-en-Médoc: Zauberhaftes Restaurant mit sieben Gästezimmern, das sehr gute Küche mit besten regionalen Fischgerichten wie die Lamproie (Meerneunauge) à la Bordelaise bietet.

Le Saint-Julien, St-Julien: Ein neueres Bistro-Restaurant mit guter, frischer und typisch französischer Küche. Man kann sowohl ein kleines Menü zu sich nehmen oder auch à la carte speisen. Hervorragende Qualität.

Bordeaux Château B & B, Plassac: Nur fünf Zimmer in einem renovierten Luxusschloss mit Pool. Liebevoll eingerichtet, sensationeller Ausblick über die Weinberge und die Gironde, den größten Mündungstrichter Europas. Er reicht vom Zusammenfluss der Flüsse Garonne und Dordogne bis zum Atlantik.

Relais de Margaux, in den Weinbergen von Margaux: Luxuriöses Hotel mit Spa-Bereich und nahem Golfplatz.

Pavillon Margaux, in den Weinbergen von Margaux: Kleines Hotel mit 14 Zimmern. Outdoor-Pool, naher Golfplatz, 45 Kilometer zum Meer. Sehr gemütliches und schönes Restaurant mit Terrasse.

Château Cordeillan-Bages, Pauillac: Ein sehr luxuriöses Hotel der Relais-&-Châteaux-Gruppe mit Außenpool in einer ehemaligen Kartause aus dem 17. Jahrhundert. Sehr gute Küche, große Weinkarte (sehr teuer). Das Hotel gehört zum Weingut Château Lynch Bages, das erstklassige Weine produziert. Besichtigung mit Anmeldung möglich.

SEHENSWÜRDIGKEITEN

Im Ort Margaux und Umgebung gibt es
viele Weingüter zu besichtigen. Ein Muss
sind jedenfalls die Châteaux Margaux
und Palmer.
Weitere Châteaux an der Route de Vin,
Richtung Norden.
In Pauillac gibt es einen schönen, kleinen
Yacht-Hafen.
Ein Ausflug ins wunderschöne
St-Émilion gehört zu den kulturellen
Höhepunkten.

EINKAUFEN IN BORDEAUX

Wein:
L'Intendant: Ein faszinierendes Weinge-
schäft und für jeden Weinfan ein Muss.
La Vinothèque: Etwas weniger luxuriöse
Weine, doch sehr gute Auswahl auch an
preiswerteren Weinen.
Bücher & Musik:
Virgin Megastore an der Place Gam-
betta. Hochmoderner Laden mit raren
Wein-Büchern und seltenen CDs. So
etwas gibt es sonst nur noch in Paris.
Käse:
Jean d'Alos, eine der allerbesten Käse-
handlungen in Frankreich. Kein
Bordeauxbesuch ohne Jean d'Alos!

111

Château Haut-Bailly 2011

Cru Classé de Graves
Château Haut-Bailly
Pessac-Léognan AOC
Bordeaux
Frankreich

Die Historie des Château Haut-Bailly ist lang und interessant, es gab viele Hochs und leider auch etliche Tiefs. Zahlreiche Besitzer haben hier ihre önologischen Spuren hinterlassen, und das leider nicht immer zu Gunsten der Qualität. 1955 erwarb der Belgier und begeisterte Weinliebhaber Daniel Sanders das Château. Seine Präsenz und drei Jahrzehnte voller Investitionen in das Qualitätsmanagement waren von größter Bedeutung für die Weine, ihre Güte und den schlussendlich wieder hergestellten guten Ruf von Haut-Bailly. 1998 wurde Haut-Bailly an den amerikanischen Banker Robert G. Wilmers verkauft, die Führung liegt aber nach wie vor in den Händen von Véronique Sanders, der Enkelin Daniel Sanders'. Unter ihrer Leitung wurden die Weine mit jedem Jahrgang besser und charaktervoller. Für den Erstwein des Hauses, den Château Haut-Bailly, verwendete sie nur noch die allerbesten Trauben, machte also eine strikte Auslese. Damit erhöhte sie im Verhältnis den Traubenanteil für den Zweitwein „La Parade de Haut-Bailly". Weiters verzögerte sie den Lesezeitpunkt, um mehr Traubenreife zu erzielen, und last but not least verwendete sie mehr neue Barriques für den Ausbau und die Reife des Weines. So näherte man sich nicht nur dem ursprünglichen Qualitätsniveau, sondern machte weit größere Schritte, um wieder in der Oberliga mitspielen zu können.

Der kleine Jahrgang 1981 war für Haut-Bailly ein großer Wurf, weit besser als 1982. Dann kamen 1990, 1995 und 2000, sie alle wurden von den benachbarten Weinmachern, Fachleuten und Gutsbesitzern anerkannt – Madame Sanders genoss voller Stolz die Früchte ihrer harten Arbeit. Nicht ohne dabei nach vorne, in die Zukunft zu schauen. Das Weingut hat seinen Eigentümer inzwischen wieder gewechselt, aber Véronique Sanders wacht an der Spitze mit ihrer Mannschaft über das Château und die Qualität seiner Weine, Jahr für Jahr. Keines der letzten Weinjahre war laut Presse aus Bordeaux wirklich schlecht, irgendwie hat es der Wettergott doch noch immer geschafft. Dass ein Weinjahrgang aber auch von vielen sensiblen und schweren Entscheidungen abhängt, weiß nicht nur Madame Sanders. Aber mit diesem Wissen und auch ein bisschen Glück kommen in schwierigen Jahren dann doch noch wunderbare Weine in die Flasche, wie auch 2011.

Der Château Haut-Bailly 2011 erhielt zu Recht großes Lob der Fachwelt. Im Grand Vin wurden für den sehr schwierigen Jahrgang weniger als 50 Prozent der Ernte verarbeitet, was letztendlich zu einem sehr reichhaltigen, vielschichtigen und komplexen Wein führte. Die tiefschwarze Farbe lässt darauf schließen, was sich im Glas befindet: ein Wein mit üppigem Duft, sehr würzig, mit großer

Konzentration und geballter Kraft, Dichte und Tiefe im persistenten Geschmack. Ein maskuliner, auf Transparenz und Langlebigkeit angelegter Wein. Zum Zeitpunkt des Verkostens noch sehr verschlossen, dennoch mit großen Anlagen, die schon deutlich erkannt werden können. Aus meiner Sicht steckt in diesem Wein ein großes Zukunftspotenzial.

CHÂTEAU HAUT-BAILLY 2011

FÜR CONNAISSEURE

Bordeaux ist das größte Anbaugebiet für feine Weine in der Welt. An ihm kommt wohl kein Weinliebhaber vorbei. Vor allem die Rotweine aus dem Médoc erzielen Höchstpreise. Meist handelt es sich um eine Cuvée aus den Rebsorten Cabernet Sauvignon, Cabernet Franc und Merlot. Weniger häufig findet man Petit Verdot.

Das Weinbaugebiet Graves am linken Ufer der Garonne erstreckt sich von der Stadt Bordeaux im Norden bis zur Gemeinde Langon im Süden auf einem knapp 60 Kilometer langen und zehn Kilometer breiten Streifen. Schon früh zeigte sich, dass die besten Weine in diesem Gebiet auf der „terre graveleuse", dem kieselhaltigen Boden, wuchsen. Daraus entstand zunächst der Name „vins des graves", erst später setzte sich die Bezeichnung „Graves" durch. Der steinhaltige Boden ist für die Region charakteristisch und sorgt für die Besonder-

heit der Graves-Weine. Die Steine speichern die Sonnenenergie des Tages und geben die Wärme in der Nacht ab. Dadurch entsteht ein sehr günstiges Mikroklima, das den Reben zugutekommt. Bis 1986 gehörte Léognan zu Graves, danach wurde Pessac-Léognan eine eigene Appellation Contrôlée.

Das berühmteste Weingut ist Château Haut-Brion, es wurde als einziges außerhalb des Médoc in die Klassifizierung von 1855 aufgenommen, und zwar in die Spitzenkategorie, in den obersten Rang eines Premier Cru. Die meisten Weingüter von Pessac-Léognan erzeugen sowohl Rot- als auch Weißweine. Bei den Weißweinen sind die Rebsorten Sémillon, Sauvignon Blanc und Muscadelle. Der Schwerpunkt liegt aber bei den roten Cuvées mit hohem Cabernet-Sauvignon-Anteil, die durch ihr Gleichgewicht aus Kraft und Finesse bestechen. *CF*

FÜR UNTERWEGS

Bordeaux ist eine interessante Stadt, die neben Wein auch viele Sehenswürdigkeiten bietet. Der hufeisenförmige Place de la Bourse etwa, der im 18. Jahrhundert errichtet wurde. Im Norden des Platzes liegt die Börse und im Süden das alte Hôtel des Fermes, in dem sich heute das Musée National des Douanes befindet. In der Mitte des Platzes erhebt sich der Springbrunnen der „Drei Grazien".
An die Place de la Bourse grenzt ein 3.450 Quadratmeter großes Wasserbecken, sein Wasserspiegel wird von einem zwei Zemtimeter hohen Wasserfilm auf Granitplatten gebildet, worin sich die eleganten Fassaden der umliegenden Häuser spiegeln. Das Grand Théatre aus dem 18. Jahrhundert im neoklassizistischen Stil es ist eines der schönsten Theater Frankreichs und war Vorbild für die Pariser Oper.
Etwa 60 Kilometer west-südwestlich von Bordeaux am Atlantik liegt Arcachon, geschützt vor Wind und Wellen am Bassin d'Arcachon. Die bewegte und mondäne Stadt ist bekannt für ihr mildes, gesundes Klima und ihre Austern und bietet zudem einen dynamischen Fischereihafen.
Das Beste an Arcachon aber bleibt die Dune du Pilat – mit 2,7 Kilometer Länge und 105 Meter Höhe die größte Sanddüne Europas. Hier sollte man eine Wanderung unternehmen. Ein herrliches Naturspektakel!

RESTAURANTS

Noailles: Küche und Service im Noailles beeindrucken seit Jahren mit konstant hoher Qualität. Französischer geht nicht. Austern aus der Zucht des Nachbarn oder ein Plateau Fruits de Mer, alles super frisch. Ein Beef Tatar von bester Qualität, klassisch gewürzt, auf Wunsch bekommt man die Zutaten separat zur Eigenkomposition. Tagesfrische Fische aus dem nahen Atlantik, einfach, aber köstlich zubereitet. Darüber hinaus werden Spezialitäten aus der Region wie die berühmte Lamproie, das Neunauge, serviert. Gut gereifter Käse, saisonfrische Obsttörtchen oder ein Sorbet au Citron bilden den Abschluss. Faire Preise und guter Service.
Le Gabriel: Das Bistrot Gabriel liegt einen Stock tiefer als das gleichnamige Restaurant. Wer Glück hat, bekommt

einen Tisch mit Blick auf die Place de la Bourse. Die Küche im Bistrot ist sehr ambitioniert mit bester Qualität. Empfehlenswert sind Gerichte, die auf der Karte unter den „Les Classiques" angeführt werden. Die Foie gras de canard rôti, eine gebratene Entenleber, ist schlicht perfekt, gefolgt von Boudin noir avec pommes de terre, Blutwurst mit Kartoffelscheiben. Ähnlich gelungen war auch ein Rochenflügel mit Kapern, der an Frische nicht zu überbieten war. Es wird überwiegend mit Produkten regionaler Herkunft gekocht. Die Weinkarte bietet bekannte und unbekannte Gewächse aus Bordeaux zu erstaunlich fairen Preisen. Auf Wunsch erhält man die große Karte aus dem Restaurant.

Le Gravelier: Ein trendiges Restaurant mit moderner Küche. Stets sehr gut besucht – unbedingt reservieren!

La Tupina: Genießt seit Jahren einen ausgezeichneten Ruf! Die Küche hat sich auf Gerichte aus dem Südwesten Frankreichs und gebratenes Fleisch vom Grill spezialisiert.

Le Patio: Ein Restaurant in Arcachon mit einem Michelin-Stern. Frische Produkte, von der Auster bis zum Lamm. Empfehlenswert vor oder nach dem Marsch über die Dune du Pilat!

HOTELS

Hotel Burdigala: Ein 5-Sterne-Haus mitten in der Stadt mit gutem Komfort.

Hotel Les Sources de Caudalie, Martillac: Wurde 1999 von den Eigentümern von Château Smith Haut Lafitte als Spa-Hotel eröffnet. Das Spa war der erste mit „Vinotherapie". Die Tochter des Hauses, Mathilde Thomas, die auch die Weinpflegeserie „Caudalie" mitentwickelt hat, führt das Hotel gemeinsam mit ihrem Ehemann Bertrand.

Châteauneuf-du-Pape Les Trois Sources 2010

Domaine de la Vieille Julienne
Jean Paul Daumen
Rhônetal
Frankreich

Die Geschichte von Châteauneuf ist alt, sehr alt sogar. Sie reicht zurück bis in die Römerzeit, die erste urkundliche Erwähnung stammt von 1094. Die Ruinen des namensgebenden Schlosses, das 1318 zur päpstlichen Residenz ausgebaut wurde, können noch heute besichtigt werden. Den heutigen Namen Châteauneuf mit dem Zusatz „du Pape" und seine AOC (kontrollierte Wein-Herkunftsbezeichnung) erhielt der Ort aber erst im 19. Jahrhundert. Das Renommee der Weine selbst ließ ebenso lange auf sich warten, denn der Großteil wurde bis in die 50er Jahre als Verschnittwein nach Burgund und Bordeaux verkauft. Doch das ist längst Geschichte! Dank der zahlreichen Weingüter, die auf Spitzenqualität setzen, zählt Châteauneuf-du-Pape heute zu den besten Weinregionen Frankreichs.

Einer dieser Betriebe ist die Domaine La Vieille Julienne. Sie gehört Jean-Paul Daumen, der 1990 von seinem Vater das damals noch völlig unbekannte Weingut übernommen hat. Dank zahlreicher Verbesserungen in Weingarten, Keller und Arbeitsweise, inklusive der kompromisslosen Entscheidung für die Biodynamie, gehört die Domaine heute zu den besten Häusern in Châteauneuf.

Die Geschichte des Weinguts reicht bis ins 17. Jahrhundert zurück. 1905 wurde es von der Familie Daumen erworben, und heute bilden die von ihr gepflanzten und im Schnitt 80 Jahre alten Rebbestände die Basis für die Weine, die in aller Welt Aufsehen erregen. Dabei galten die Lagen von La Vieille Julienne, im Norden der Region in Grès, lange Zeit als minderwertig, ebenso das sand- und lehmhaltige Terroir, auf dem angeblich nach Meinung vieler Konkurrenten so gar nichts richtig wachsen solle.

Der scheue Jean-Paul lenkt in seinen Weinbergen sämtliche Geschicke. Im Weinkeller aber überlässt er den Wein sich selbst und wartet auf die Früchte seiner Arbeit. Mit den spektakulären Jahrgängen 1998, 1999 und 2000 ist er am Olymp der ganz großen Weinmacher angekommen, wo mit den grandiosen Jahrgängen 2007 und 2010 auch heute noch sein Platz ist.

Der Châteauneuf-du-Pape Les Trois Sources 2010, ein Blend aus Grenache (80 Prozent) von den uralten Rebstöcken und Syrah, Mourvedre und Cinsault, begeistert trotz seiner Jugend schon jetzt mit fester, dennoch fein gereifter Struktur. In der Nase die grandiose Üppigkeit schwarzer und blauer Früchte wie Cassis, Holunder, Heidelbeeren und Schwarzkirschen. Aber auch erdige, würzige und kräuterige Elemente sind zu finden. Im Mund dann Kaffeebohnen, Lakritze und Schokovarianten von Trüffelpraline bis Nougat und edelste Bitterschokolade. Die Tannine und Säuren sind reif wie nie, was daran liegen mag, dass die Beeren inzwischen gerebelt und nicht mehr mit den Stielen vergoren werden. Im Finale wirkt der Wein leicht salzig, verspielt, zart und fein. Ausgewogen trotz des enormen Alkoholgehalts von 15 Prozent, mit einer großen Komplexität im raffinierten, finessereichen Nachklang. Lagerpotenzial für die nächsten 50 Jahre.

FÜR CONNAISSEURE

FÜR UNTERWEGS

RESTAURANTS & HOTELS

La Beaugraviere, Montragon: Ein Geheimtipp, den ich aber gerne an wirkliche Genießer verrate! Die Weinkarte ist gigantisch und die Küche wunderbar. Schon einfache Vorspeisen wie das rohe Wachtelei mit schwarzem Trüffel sind ein Gedicht.

Hostellerie Château des fines Roches: Bietet viel alten Luxus. Den Sommer genießt man auf einer schönen Terrasse.

La Sommellerie: Das kleine 3-Sterne-Haus inmitten der Weinberge in Châteauneuf-du-Pape ist bezaubernd, gemütlich und typisch französisch, mit Pool und viel Charme. Auch die Küche ist sehr ordentlich.

Domaine de Châteauneuf (Relais & Châteaux): Teuer, aber schön!

Der Fluss Rhône stellt die einzige Gemeinsamkeit des nördlichen und des südlichen Teil des bekannten Weinbaugebietes dar. Der prestigeträchtigere Norden mit den Appellationen Hermitage und Côte Rotie unterscheidet sich vom Süden sowohl klimatisch als auch geologisch und in der Auswahl der Rebsorten. Während im Norden eher kontinentales Klima herrscht und die Weine auf steilen Hängen mit schroffen Böden wachsen, ist der Süden weitgehend flach und von einem wärmeren mediterranen Klima geprägt. Der Norden hat sich auf die Rebsorte Syrah spezialisiert, im Süden wächst vorwiegend Grenache.

Châteauneuf-du-Pape, die bedeutendste Appellation im Süden, erlaubt jedoch insgesamt 13 verschiedene Rebsorten, die schwere und körperreiche Weine mit hoher Tanninstruktur hervorbringen. Sie werden als Cuvée ausgebaut, mit der ursprünglich spanischen Rebsorte Grenache als Protagonisten. Nur mehr wenige Weingüter verwenden alle 13 Rebsorten für den Châteauneuf-du-Pape. Die besten Châteauneufs werden meist reinsortig aus Grenache Noir produziert. Der Mindestalkoholgehalt liegt bei 12,5 Prozent, und meist werden die Weine lange bei hoher Temperatur vergoren, um dem Wein möglichst viele Tannine und Geschmacksstoffe mitzugeben. Bei mangelnder Sorgfalt und Qualitätskontrolle können sie mitunter barock und marmeladig ausfallen. Guten Produzenten jedoch gelingen vielschichtige und besonders lagerfähige Rotweine.

CF

SEHENSWÜRDIGKEITEN

Châteauneuf selbst ist ein wunderschönes kleines Städtchen mit unzähligen Möglichkeiten für ein gutes Glas Wein. Es bietet viele Einkaufsmöglichkeiten, insbesondere für Wein. Das Musée du Vin sollte man unbedingt gesehen haben. Und auch eine Tour in die Weinberge mit den mächtigen Steinböden ist durchaus reizvoll.

Die zahlreichen römischen Relikte der Stadt Orange sind beeindruckende Monumente aus Frankreichs Geschichte: das römische Theater, die Kathedrale Nôtre Dame, die gesamte Altstadt und das Hôtel de Ville.

Das jährliche Theater- und Tanz-Festival von Avignon ist über die Grenzen des Landes bekannt und findet während der letzten drei Juliwochen statt. Beeindruckend ist natürlich der Papstpalast. Durch die Präsenz des katholischen Klerus während der letzten Jahrhunderte wurden zahlreiche schöne Kirchen gebaut. Die berühmte Brücke von Avignon, die Pont St. Bénézet, zählt wie der Papstpalast zum Unesco-Weltkulturerbe, sie sollte man auf jeden Fall gesehen haben.

Die Pont du Gard in Vers-Pont-du-Gard ist ein von den Römern erbautes Aquädukt. Eine römische Kultstätte, die von van Gogh verewigt wurde. Von der Île de la Barthelasse, einer Rhôneinsel, hat man den schönsten Blick auf Avignon. Und Les Baux-de-Provence ist ein sehenswertes, malerisches mittelalterliches Dorf auf einem Felsvorsprung der Alpilles und immer einen Ausflug wert.

EINKAUFEN IN AVIGNON

In der innerstädtischen Fußgängerzone, das bis zum Stadtviertel La Balance reicht, und in der Gegend um die Rue de la Petite Fusterie bis zum Place Crillon findet man neben eleganten Boutiquen und Antiquitätenhändlern auch Geschäfte mit typisch provenzalischen Stoffen, Töpferwaren und Santons (provenzalische Krippenfiguren).

Unbedingt sollte man einen der Märkte besuchen! Die Markthalle Place Pie, den Blumenmarkt und den Flohmarkt am Place des Carmes oder auch den Wochenmarkt mit seinen regionalen Spezialitäten am Place Crillon.

Mezzolombardo, Trentino
Veneto
Serdiana, Sardinien
Rochetta Tanaro, Piemont
Toskana
Chiaramonte, Sizilien

ITALIEN

Granato 2009

**Vigneti delle Dolomiti, IGT
Rosso
Elisabetta Foradori
Mezzolombardo, Trentino
Italien**

Das Trentino hat gleich mehrere Weinspezialitäten anzubieten, allen voran die klaren, duftigen Spumanti und den einfachen Rotwein „Marzemino", der schon von Mozart in seinem *Don Giovanni* gepriesen wurde. Und natürlich den „Teroldego", eine wilde rote Rebsorte, die nicht leicht zu bändigen ist – aber sehr viel Charakter hat. Elisabetta Foradori vom gleichnamigen Weingut gelang es nach Jahren des Auslotens, diesen Wein in Vollendung zu keltern. Sie alleine ist es, der der Teroldego heute seinen hervorragenden Ruf verdankt! Aus dem einstigen wilden Bauernwein hat Signora Foradori einen „Edelstoff" gemacht, den man gerne und nicht nur zu besonderen Gelegenheiten trinkt.

Länger als 20 Jahre kenne ich die „Grande Dame des Trentino" schon, die Königin des Teroldego! Und in diesen Jahren hat sie sich all ihre wertvollen Eigenschaften bewahrt: Charme, Fleiß, Zähigkeit und Ausdauer bis zum Ziel.

Den vom Vater geerbten Betrieb, er umfasst heute 23 Hektar, hat sie vor ein paar Jahren vollkommen auf Biodynamie umgestellt. Ihre Leidenschaft gilt, solange ich sie kenne, der autochthonen Rebsorte Teroldego, die sie in ihren besten Weinen, aus den Einzellagen Sgarzon und Morei, in Amphoren ausbaut. Nach meiner Meinung wird sie im Granato besonders gut präsentiert.

Der „Granato" wird stets rebsortenrein erzeugt. In einem guten oder exzellenten Jahrgang wie 2009 oder 2007 vereint die Sorte in sich alles, was von einem großen Rotwein erwartet wird. Herrliche Farbe, tiefes Granatrot mit sattem Kern, Fülle und Opulenz im Duft. Mit der beginnenden Reife, etwa fünf Jahre nach der Ernte, präsentiert er einen Korb voller dunkler Beeren mit faszinierend kühlem Charakter wie dem von Heidelbeeren, Brombeeren oder Holunder. Gewürze wie Nelke, Wacholder und schwarzer Pfeffer lassen an eine entfernte Verwandtschaft mit dem Syrah des Rhônetals denken: dichte samtige Tannine, die feinkörnig den gesamten Gaumen ausfüllen. Eine Weinfaszination mit ungeahntem Potenzial. Ein Wein, der unsere Sinne reizt und belebt. Elisabettas Teroldego „Granato" ist ein charismatisches Geschöpf und zeigt wie nur ganz wenige Weine den Charakter seiner Schöpferin.

FÜR
CONNAISSEURE

Eingebettet zwischen hohen Gebirgsketten und den Flüssen Adige und Noce liegt im Norden des Trentino das Weinbaugebiet „Campo Rotaliano", die Heimat der autochthonen Rebsorte Teroldego. Klimatisch zwischen warmem mediterranen und kühlem Kontinentalklima gelegen, bietet die 400 Hektar große Ebene ideale Bedingungen für den Weinbau. Das Gebirge schützt im Sommer vor drückender Hitze und im Sommer vor eisigen Stürmen. Der Noce transportierte über Jahrtausende Granit, Dolomitenkalk, Schiefer und Kiesel aus dem umliegenden Bergen und formierte daraus den heutigen Boden. Ein Boden, der den Reben einen besonders vielfältigen Mix an Mineralien bietet.

Elisabetta Foradori hat es als Erste geschafft, diese „Zutaten" schmeckbar in ihre Weine einfließen zu lassen. Sie gilt nicht nur als Qualitätspionierin für die Region, sondern auch für die heimische Rebsorte Teroldego.

Als sie 1985 das Weingut übernahm, hat sich die damals blutjunge Önologin zum Ziel gesetzt, aus der bloß ertragreichen Rebsorte einen anspruchsvollen Wein zu kreieren. Um den Ertrag zu reduzieren und die Qualität zu steigern, entwickelte sie eine Selektion weniger wuchskräftigen Klone und stellte von der praktischen Pergola-Reberziehung im Weingarten auf das wesentlich arbeitsintensivere Guyot-System um. Das Ergebnis: Ihr Terodego ist an Vielschichtigkeit und Eleganz nicht zu übertreffen.

Nach Jahren naturnaher Bewirtschaftung begann sie 2002 mit biodynamischen Naturpräparaten zu arbeiten und verzichtete von da an auf jegliche synthetische Chemie im Weingarten. Seit 2009 ist ihr Betrieb biodynamisch zertifiziert. Gleichzeitig experimentierte sie mit Vergärung und Ausbau in Amphoren, um eine Alternative für das Barriquefass zu finden, das ihrer Meinung nach die Weine geschmacklich zu stark dominiert. Foradori bediente sich dieser uralten Ausbaumethode, lange bevor Amphorenweine zum großen Trend der Bioweinszene avancierten.

Sie vergräbt ihre Fässer übrigens nicht wie üblich in der Erde, sondern lässt sie während der Vergärung offen im Keller stehen. So behält sie die Kontrolle über den werdenden Wein. Jahrelang tüftelte sie, bis sie sich endgültig zum Amphorenausbau entschloss. Schließlich birgt die Methode ein hohes Risiko für den Wein. Bei mangelder Präzison und Erfahrung können die Weine zu oxidativ und sensorisch problematisch geraten.

**WEITERE
SPITZENPRODUZENTEN**
Tenuta San Leonardo, Avio
Pojer & Sandri, Faedo
Ferrari, Trento
Dorigati, Mezzocorona
Distilleria Bruno Pilzer, Faver

CF

FÜR UNTERWEGS

Das landschaftlich reizvolle Trentino
mit seinen mit etlichen Gipfeln über
3.000 Meter Höhe bietet ausgezeichnete
Wander- und Klettermöglichkeiten, die
zahlreichen Seen laden zum Schwimmen
ein. Im Winter ist es eine wunderschöne
Schi- und Langlaufregion, weit weg vom
Touristenzirkus.
Das Städtchen Vallagarina gilt als Pforte
des Trentino. Das Panorama inmitten der
Berge ist spektakulär. Zahlreiche kleine
Museen mit regionalen Kunstschätzen
bieten kulturellen Genuss.
In Rovereto kann man Stunden in den
zahlreichen Museen zubringen, sollte das
Wetter einmal nicht zum Wandern oder
Schifahren einladen.

RESTAURANTS & HOTELS
Casa del Vino della Vallagarina, bei
Trient: Für Freunde regionaler Spezialitäten und Weine, mit einer hübschen
Gartenterrasse. Luca Bini, der Chef
des Hauses, garantiert für Qualität auf
allen Ebenen. Er bietet auch Weine der
Region zum Mitnehmen an. Das Restau-
rant ist sehr beliebt, daher empfiehlt sich
eine Reservierung! Es gibt inzwischen ein
paar sehr nette Hotelzimmer.
El Molin, Cavalese bei Mezzolombar-
do: Mehrfach ausgezeichnet, sollten
Gourmets und Weinliebhaber unbedingt
kennen. Die Küche versteht es exzellent,
Tradition und Moderne zu verbinden.
Das Restaurant verfügt über eine um-
fangreiche und gut kalkulierte Weinkarte
mit einem sensationellen Champagner-
Angebot. Dazu bietet es eine gemütliche
Weinbar.
Scrigno del Duomo, Trient: Einzigartiges
Ambiente in historischen Mauern mit
Freskomalereien. Gourmetküche und
typische Gerichte der Region gelingen in
gleicher Weise. Die Weinkarte mit vielen
offenen Weinen ist exzellent und der
Sommelier berät äußerst kompetent. Das
Lokal ist eine Bereicherung für Trient
und die gesamte Region.
Hotel Grünwald, Trient: Ein netter Fami-
lienbetrieb mit gutem Wellness-Angebot.
Es bietet gute Qualität ohne Firlefanz.
Die Wellness-Hotel-Gruppe **Vitanova**
bietet allen Komfort für Entspannung,
Sport & Erholung und ist sehr empfehlenswert!

Amarone Vigna Garzon 2009

Società Agricola Pieropan
Veneto
Italien

In der Provinz Venetien wird schon seit ewigen Zeiten Wein produziert. Weltweit bekannte Weine wie Amarone, Valpolicella, Bardolino, Lugana oder Soave werden hier hergestellt. Teilweise in großen Mengen und zu verbraucherfreundlichen Preisen produziert, finden sie in italienischen Lokalen auf dem ganzen Erdball ihre Liebhaber. Geographisch betrachtet liegt diese herrliche hügelige Landschaft zwischen den Dolomiten im Norden, dem Gardasee und der Lombardei im Süden, der Emilia-Romagna im Westen und Friaul-Julisch Venetien mit der Lagunenstadt Venedig im Osten. Das international hochgeschätzte Weingut der Familie Pieropan ist mir seit drei Jahrzehnten ans Herz gewachsen. Es gilt als das beste im Soave, einem DOC-Gebiet östlich von Verona. Als ich 2012 ihren ersten Amarone und Valpolicella zum Probieren bekam, war ich sehr überrascht, zählte die Familie für mich bisher doch zu den besten Weißweinerzeugern Italiens. Für die Rotweine sind die Söhne Andrea und Dario Pieropan verantwortlich. Ihr Vater Leonildo hatte ihnen in weiser Voraussicht 1999 in unmittelbarer Nachbarschaft zum Soave Weinberge und etwas später eine Produktionsstätte gekauft, um gemeinsam mit den Söhnen eine kleine Kellerei aufzubauen. Hier, auf ihrem eigenen Weingut, der Villa Cipolla Pellegrini in Cellore d'Illasi Valpolicella, erzeugen sie hervorragende Rotweine. Ihre Weinberge mit den Sorten Corvina, Corvinone, Rondinella und Croatina Veronese liegen in direkter Nachbarschaft zu denen des weltberühmten Amarone-Produzenten Romano Dal Forno. Keine schlechte Voraussetzung, meine ich.

Den ersten Jahrgang 2008 des Amarone Vigna Garzon konnte man sich schon sehr gut schmecken lassen, obwohl der Wein noch Jahre bis zur Trinkreife braucht – ein „Handicap", das er mit den großen Weinen der Welt teilt.

Der 2009er hat deutlich von der hohen Qualität des Jahrgangs profitiert. Im süßlichen Duft nach Amarenakirschen finde ich auch Zwetschgen, Holunder, blaue Feigen und sonnengereifte Tomaten. Satter Gaumen, komplexe Intensität, kerniges Tannin mit fester Textur. Die Süße des Amarone ist jetzt schon im Abgang schmeckbar. Sehr gutes Alterungspotenzial.

FÜR
CONNAISSEURE

Der Legende nach ist der „Amarone della Valpolicella" aufgrund einer Unachtsamkeit eines Kellermeisters entstanden: Er hatte ein Fass mit „Recioto" vergessen. Der traditionelle Süßwein aus dem Valpolicella-Gebiet hatte also die Zeit, in Ruhe durchzugären. Aus dem süßen Dessertwein wurde ein trockener, gehaltvoller und qualitativ hochwertiger Rotwein mit hohen Alkoholwerten: der Amarone. Seit den späten 30er Jahren ist der eigenwillige DOCG-Wein nicht mehr von den besten Weinkarten Italiens wegzudenken.

Die Trauben der traditionellen Amarone-Rebsorten Corvina, Rondinella und Molinara werden spät im Herbst, aber in gesundem Zustand gelesen und am Dachboden über drei Monate lang auf Holzgittern getrocknet. Immer wieder werden sie gewendet und verlieren so bis

zu zwei Drittel ihres Gewichtes. „Appassimento" nennt man das Trocknen der Trauben in Italien. Der Verlust des Wassers ermöglicht den Trauben eine natürliche Extraktion: Nicht nur Geschmacksstoffe, sondern auch Gerbstoffe intensivieren sich. In beinahe rosinenartigem Zustand werden sie dann langsam bei niedriger Temperatur vergoren. Der fertige Wein erreicht Alkoholwerte zwischen 14 und 16 Volumsprozent, was ihn für eine lange Lagerung prädestiniert.

Auch die ausgeprägten Tannine des Weines fördern seine Langlebigkeit und sind für den leicht bitteren Geschmack verantwortlich. Daher auch der Name „Amarone" (amaro = bitter). Der Amarone, die trockene Variante des „Recioto", eignet sich aufgrund seiner ausgeprägten Aromatik besonders zu schweren Wild- und Fleischgerichten. *CF*

WEITERE
SPITZENPRODUZENTEN
Tenuta Chiccer
Romano Dal Forno
Giuseppe Quintarelli
Masi

FÜR UNTERWEGS

HOTELS & RESTAURANTS

Perbellini, Isola Rizza, 24 Kilometer von Verona mitten im Industriegebiet gelegen: Die potthässliche Umgebung vergisst man, sobald man die Speisekarte des Restaurants aufschlägt. Mit zwei Michelin-Sternen prämiert, ist es für mich persönlich eines der besten Restaurants in Italien mit einer Küche mit unvergleichbarem Ideenreichtum! Auch die Dessertauswahl und der Käsewagen sind unerreicht. Sensationelle Weinkarte, super Service ohne Show – wirklich tadellos!

Trattoria al Pompiere, Verona: Zentral gelegen, bietet erstklassige Antipasti, Wurst, Geräuchertes, feine Pasta und ausgezeichnete Fischgerichte. Der Weinkeller ist gut bestückt.

Osteria La Fontanina, Verona: Gute regionale Küche.

Rubiani, Verona: Zuverlässige und köstliche Regionalküche, nur wenige Minuten von der Arena entfernt. Immer frisch sind Fische, Gemüse und hausgemachte Pasta. Schöne Terrasse und gute Weinkarte.

L'Oste Scuro, Verona: Trattoria bester Art mit frischem Seafood, frischen Fischen und selektivem Weinangebot.

Ristorante Torcolo da Barca, Verona: Typische Veroneser Küche, authentisch und gut.

Caffè Filipini, Verona, Piazza delle Erbe: Pasta mit frischen Meeresfrüchten, dazu Spumante. Tolle Cocktails!

Caffè Dante, Verona, Piazza dei Signori: Auf dem wohl schönsten Platz Veronas gelegen.

Hotel Antica Porta Leona, Verona: Im historischen Zentrum, wenige Minuten von der Arena und der Casa Gulietta. Hier entdeckte ich dieses kleine Hotel, ein Juwel, versteckt und doch inmitten des Geschehens. Das stilvoll renovierte Haus bietet 23 exklusiv ausgestattete Zimmer, die thematisch nach den bekanntesten italienischen Opern gestaltet sind. Wunderschöner Wellnessbereich mit kleinem Pool, Sauna, Dampfbad oder Whirlpool.

Hotel Colomba d'Oro, Verona: Direkt an der Arena und der Piazza Bra gelegen. Ein altes, traditionsreiches Familienhotel, teils renoviert und bestens geführt. Nette kleine Bar, sehr freundliches, hilfreiches Personal.

SEHENSWÜRDIGKEITEN
Verona hat kulturell einiges zu bieten.
Die vielen schönen Plätze wie die Piazza
Bra mit der Arena und ihren spekta-
kulären Opern-Inszenierungen im
Sommer, die Piazza delle Erbe mit den
vielen Straßencafés, die Casa Giulietta
mit ihrem berühmten Balkon, die Burg
Castelvecchio, der Dom, die Basilica. Die
Auswahl ist unendlich!
Die Villa Feltrinelli in Gargnano war das
ehemalige Versteck Mussolinis und ist zu
einem Hotel-Juwel umgebaut worden.
Direkt unterhalb des Monte Baldo am
Ufer des Gardasees liegt der Palazzo in
einem Park mit altem Baumbestand. Das
dazugehörende sehr gute Ristorante hat
einen Michelin-Stern.

Turriga 2007

Isole di Nuraghi IGT
Argiolas
Serdiana, Sardinien
Italien

Meine erste Reise nach Sardinien, das war vor etwa 15 Jahren, trat ich ohne Hoffnung an, auf der sonnenverwöhnten Insel großartige lokale Weine zu finden. Ich glaubte, hier mache man in erster Linie Urlaub; speziell am nördlichen Ostufer, wo viele in Geld statt in Wasser schwimmen. Doch nach ein paar Besuchen in lokalen Kellern war ich bald eines Besseren belehrt: Schon damals konnten mit den vorhandenen natürlichen Gegebenheiten sehr gute Weine produziert werden. Es gab jedoch viel zu tun, zu investieren, umzukrempeln, umzudenken, um die heutigen hohen Qualitäten zu erzielen. Kurzum: Für die Winzer war „Anpacken und Machen" angesagt. Die Weine meiner ersten Proben waren ja überzeugend, es war alles eine Frage der Zeit und des Fortschritts.

Ein sehr gutes Beispiel für die Entwicklung in die richtige Richtung war das Weingut der Familie Argiolas in Serdiana, etwa 20 Kilometer nördlich der Hauptstadt Cagliari gelegen. Noch heute denke ich an das legendäre Mittagessen mit Franco Argiolas, das seine Frau Pina aufgetischt hatte. Köstlichkeiten ohne Ende, Spezialitäten der Insel, die mir großen Genuss bereiteten. Ich kann mich auch gut daran erinnern, dass ich um ein Haar meinen Flieger nach München verpasst hätte, es aber dank Francos Fahrkünsten doch noch geschafft habe. Die vorbildliche Zusammenarbeit der Familie, das Schaffen Hand in Hand, empfehle ich übrigens jedem Betrieb auf dem Wege zum Erfolg.

Die Argiolas hatten Ende der 90er Jahre viel vor, als Erstes baute sie einen neuen Keller. Die 100 Hektar Rebfläche wurden mehr als verdoppelt, heute zählt man gute 250 Hektar Weingartenfläche, die ausschließlich mit einheimischen Rebsorten bepflanzt wurden: Nuragus, Vermentino, Monica, Bovale, Carignano und Cannonau. Cannonau ist in Spanien als Garnacha und in Frankreich als Grenache bekannt und verträgt die starken Sonnenstrahlen bestens dank ihrer dickeren Beerenschale. Aus ihr produzieren die Argiolas beeindruckende Rotweine. Und speziell ihr ganzer Stolz, der Topwein „Turriga", wird unter Weinkennern weltweit geschätzt.

Während der „Costera", die Cannonau-Basisqualität des Hauses, schon früh in seiner Jugend getrunken werden kann, muss man auf den Trinkgenuss des Turriga einige Jahre warten. Dieser Spitzenwein wird 18 Monate lang im Barrique ausgebaut und benötigt danach einige Jahre Zeit zur Komplettierung seiner hohen Qualität. Ich habe einige ältere Jahrgänge in größeren Zeitabständen immer wieder probiert und konnte dabei feststellen, dass sich das Warten wirklich lohnt. Mein letzter Karton wird jedenfalls nicht vor 2018 leer sein, was bedeutet, dass ich pro Jahr nur eine Flasche daraus trinken werde (hoffentlich korkt dann keine!).

Der Turriga 2007 hat alles, was sich Weinmacher und Genießer wünschen. Herrlich tiefes Dunkelrot, strahlend, voller Glanz. Viel Duft und die Aromen des Südens, mediterrane Würze, aber auch frische, rote Beerenfrucht und Spuren von Eichenholz, Toastnoten, Eukalyptus und Lakritze. Im Mund kernig festes, dennoch gereiftes und präsentes Tannin. Ein Vorzeigewein oder wieder einmal „der beste Rotwein der Insel". Und die Fruchtbarkeitsgöttin auf dem Etikett wacht nach wie vor über den Wein.

FÜR CONNAISSEURE

Als Antonio Argiolas 1938 sein Weingut gründete, dachte wohl niemand daran, dass es sich zu einem kleinen Imperium entwickeln würde. Antonio, der Großvater der heutigen Betreiber, war aber nicht nur ein leidenschaftlicher Weinbauer, sondern auch ein findiger Geschäftsmann. Heute produziert Argiolas über zwei Millionen Flaschen pro Jahr. Seine Lagen sind über den Süden der Insel verteilt und bieten für die jeweiligen Rebsorten den idealen Standort. Auf Sardinien werden fast ausschließ-

lich autochthone Rebsorten angebaut. So auch bei Cantine Argiolas: Ihr Flagship „Turriga" ist eine Cuvée aus Cannonau, Bovale Sardo, Carignano und Malvasia Nera. Die Kombination aus heimischen Rebsorten und modernem Ausbau ist das Erfolgsrezept von Argiolas, und so wird der Turriga Jahr für Jahr mit Auszeichnungen überhäuft. Der renommierten italienische Weinguide *Gambero Rosso* verlieh dem „Turriga" inzwischen zum achten Mal in Folge die Höchstbewertung von drei Gläsern. *CF*

WEITERE SPITZENPRODUZENTEN
Cantina Santadi, Sulcis
Cantina Contini Attillio, Cabras

141

FÜR UNTERWEGS

Das Weingut Argiolas bietet interessante Verkostungstouren in den Weinbergen an. Informationen und Buchung unter: www.argiolas.it.

RESTAURANTS & HOTELS

Sa Muskera, Serdiana: Das kleine Restaurant mit nur wenigen Tischen bereitet köstliche, typisch sardische Gerichte zu.

S'Apposentu, Siddi (Marmilla), 30 Kilometer von der Küste: Im ehemaligen Teatro Lirico befindet sich das modern gestylte und elegante Restaurant mit äußerst kreativer Küche. Es zählt zu den drei besten Restaurants Sardiniens.

La Ghinghetta, Portoscuso: Liegt in einer winzig kleinen Bucht an der Südwestküste. Es ist ein 4-Sterne-Hotel mit erstklassiger sardischer Küche. Seit Jahren eine zuverlässige Adresse.

KULINARIK

Die Küche Sardiniens ist durch die Kargheit und Armut der Insel einfach, aber köstlich. Im Landesinneren findet man viele einfache Lokale, die Lamm- oder Ziegenfleisch am Spieß anbieten. Meine persönlichen Favoriten unter den Spezialitäten:

Fregola Sarda, eine sardische Pasta-Spezialität aus Hartweizengries mit Krustentieren und Zucchini.

Die Bottarga, wie der sardische Kaviar der Meeräsche genannt wird, sollte man unbedingt probieren.

Malloreddu sind muschelförmige Gnocchetti mit Fenchelsalami, ein ebenso deftiges wie schmackhaftes Pastagericht.

Ein Must ist auch der Mustela, der sardische Schinken aus Schweinefilet.

Und natürlich der Pecorino Sardo, der hier auch über die Pasta gerieben wird. Ich habe sogar einmal ein hervorragendes Aalgericht mit sardischem Pecorino gegessen!

Gewöhnungsbedürtig ist der Casu Marzu, ein Käse mit Maden und Insekten, der bei uns aus hygienischen Gründen verboten ist. Nur mit sehr viel Rotwein erträglich …

Der Carbezzolo, ein bitterer Honig von den Erdbeerbaumblüten, eignet sich hervorragend zu Dessert und Käse.

Sebadas sind mit Ricotta gefüllte Teigtaschen, die als Dessert angeboten werden.

Zum Abschluss reicht man würzigen Mirto, einen Likör aus Myrten.

FREIZEIT
Die Strände Sardiniens zählen zu den
schönsten Europas. Das Wasser ist
glasklar und eignet sich vorzüglich zum
Schwimmen, Schnorcheln und Tauchen.
Zudem kann man in den teilweise hohen
Bergen wunderbar wandern, klettern
und biken.

Bricco della Bigotta 2008

Barbera d'Asti DOCG
Braida di Giacomo Bologna
Rochetta Tanaro, Piemont
Italien

Wenn man in Fachkreisen von der roten Rebsorte Barbera spricht, denkt man im gleichen Atemzug an „Braida", an das Weingut der Familie Bologna im Piemont, wo der Barbera seine Wiederentdeckung erfahren hat. Es war in den 60er Jahren, als der damalige Inhaber des Weinguts, Giacomo Bologna, nach vielen Weinreisen mit seiner Frau Anna beschloss, diese rustikale Rebsorte salonfähig zu machen. Er war der Erste, der an die Barbera-Traube und ihre Qualitäten glaubte. So hat Bologna neben vielen Verbesserungen im Weinberg entschieden, französische Barriquefässer aus bestem Eichenholz zu kaufen und den Wein darin zu veredeln. Dieses Experiment ist ihm bestens gelungen – er fand viele Nachfolger. Sein Ziel der Barbera-Salonfähigkeit hat er ebenfalls erreicht.

Seine Kinder Raffaela und Giuseppe führen seit Giacomos Tod 1990 das Weingut gemeinsam mit Raffaelas Mann Norbert Reinisch höchst erfolgreich weiter. Große internationale Preise und Anerkennungen schmücken die Chronik der Braida.

„Bricco dell'Uccellone", „Bricco della Bigotta" und „Ai Suma" heißen die großen Weine des Hauses. Sie sind Jahr für Jahr auch Aushängeschilder der gesamten Region, weltweit gelten sie als Kultweine. Im eigenen Keller konkurrieren sie miteinander, so als ob es im Familienkreis einen Kampf zu gewinnen gäbe. Und tatsächlich, auch ich stelle fest, dass es bei jedem Jahrgang einen anderen „Sieger" gibt.

2008 war ein kaltes, nasses und verregnetes Jahr. Die Weine stehen neben den großen 2009ern und sind ihnen klar unterlegen. Dennoch, ich mag die etwas leichteren, weniger vom Alkohol geprägten Weine sehr. Der Bricco della Bigotta 2008 macht als Speisenbegleiter großen Spaß. Er passt zu Antipasti mit Salami, Prosciutto und Formaggio aus dem Piemont, zu Pasta mit fleischigen Saucen oder feinem Wildgeflügel. Auch ein deftiger Brasato (Rindsbraten mit Barolo) oder ein zartes Rehfilet harmonieren bestens mit diesem sehr fleischigen Wein. Die feine Aromatik wird im Duft von roten Beeren dominiert. Pflaumen, Lakritze und Lorbeer sind im Hintergrund. Sehr lebhafte, erfrischende Fruchtsäure. Das Tannin wirkt kräftig, gibt dem Wein aber auch Frische und Nachdruck. Ein Barbera, der einfach Spaß macht und sehr gut schmeckt.

FÜR CONNAISSEURE

Das Piemont, wörtlich übersetzt: „Fuß des Berges", ist gemeinsam mit der Toskana die international bekannteste Weinbauregion Italiens. Was der Toskana der Sangiovese, ist dem Piemont der Nebbiolo. Aber im Piemont gedeihen noch andere wichtige Rebsorten: die Barbera und der Dolcetto.

Das Piemont ist landschaftlich nicht ganz so lieblich wie die Toskana und die Menschen sind rustikalerer Natur. Sie sind äußerst verbunden mit ihrem Land und haben daher kaum etwas davon an ausländische Investoren verkauft. Der Weinbau wird weitgehend von heimischen Weinbauern betrieben und ist authentisch geblieben.

Einzig die Nähe zu Frankreich ist sowohl kulinarisch als auch önologisch spürbar. Das Piemont hat allerdings im Gegensatz zu anderen italienischen Regionen wenig mit internationalen Rebsorten experimentiert und sich bis heute auf die heimischen Trauben konzentriert. Innerhalb Italiens haben diese schon immer hohes Ansehen genossen – und ab den 80er Jahren haben sie auch im Ausland für Furore gesorgt.

In dieser Zeit hat eine Gruppe von Winzern aus der Langhe um Paolo Scavino und Elio Altare versucht, ihren Weinen einen moderneren Anstrich zu geben. Sie bauten ihre Weine im kleinen französischen Holzfass aus, nicht wie ihre Vorfahren in großen slawonischen Eichenfässern. Die Mazerationsdauer (die Maischestandzeit) wurde drastisch gekürzt und fand auschließlich unter Temperaturkontrolle statt. Auch sonst setzte man auf moderne önologische Verfahren. Die Weine wurden weicher, fruchtiger und schneller trinkreif. Kritiker werfen den sogenannten Modernisten vor, sie hätten ihre Weine gefälliger und markttauglicher gemacht und somit um ihre spezifische Charakteristik gebracht. Einer Vorreiter dieser modernen Stilistik war das Weingut Gaja, das in dieser Zeit mit seinem Barberesco erstmals Höchstpreise und Bewertungen im Ausland erzielte.

CF

RESTAURANTS & HOTELS

Trattoria i Bologna: Die Verwandschaft der Bolognas bereitet in der gemütlichen Trattoria herrliche Gerichte der Region und serviert dazu die besten Weine des Piemont, natürlich auch die der Braida.

La Contea, Neive: Ein berühmtes Restaurant in einem schönen Palazzo mit traditioneller Regionalküche vom Feinsten. Gute Weinauswahl.

Giardino da Felicin, Monforte d'Alba: Ein herrlicher Garten mit Blick über das Städtchen und die Weinberge. Exzellente piemontesische Küche, toller Weinkeller. Das Hotel ist gute Mittelklasse, die hohen Betten sind abenteuerlich, aber nach viel Barolo und Barbera durchaus komfortabel.

Antica Corona Reale da Renzo, Cervere (20 Kilomter von Alba): Das 2-Sterne-Restaurant bereitet erstklassige Piemonteser Küche auf höchstem Niveau. Spezialitäten sind gefüllte Pasta, Schnecken, Fasan, Rindfleisch in Barolo, Froschschenkel und köstliche Haselnuss-desserts.

Belbo da Bardon: Ein traditionsreiches Restaurant in vierter Generation. Sehr traditionelle Gerichte und Produkte aus der Umgebung. Coniglio (Kaninchen), Finanziera (Ragout aus Kalbshirn, Bries und Hahnenkämmen). Bester Service und gute Weinauswahl.

Piazza Duomo, Alba: Das 3-Sterne-Restaurant hat drei Michelin-Sterne und eine 40-jährige Geschichte. Die Küche hat sich auf Gemüse aus dem eigenen Garten spezialisiert. Lamm mit Kamille oder Suppe aus Früchten und Gemüse sind nur zwei ihrer Highlights.
Gute Übernachtungsmöglichkeiten gibt es in Alba, beispielsweise im **Hotel Savona** unweit des Einkaufsviertels. Aber auch in den Weinbergen um Barolo, Monforte oder Serralunga findet man viele gute und preiswerte Agriturismi. Ein Spaziergang in den Weinbergen im herbstlichen Nebel der Langhe zählt sicherlich zu den schönsten Erlebnissen in der Region.

KULINARIK

Die weiße Trüffel aus Alba, die „Goldknolle des Piemont", ist unter Feinschmeckern wohl der begehrteste Pilz. In der Trüffelsaison wird er über fast alle

148

Gerichte gehobelt – die ganze Region befindet sich in ihrem Rausch. Ob auf Carpaccio aus bestem Filet vom Piemonteser Rind, Pasta oder Risotto, über alles kommt Trüffel. Typisch sind Agnolotti (mit Fleisch gefüllte Teigtaschen), Tajarin (dünne Tagliatelle mit viel Ei), Lasagne all'albese (Lasagne mit Schweinsblut und -schulter), Brasato al Barolo (Rinderschmorbraten in Barolo) und Fonduta, ein Weichkäsegericht mit viel frischer Trüffel.

SPEZIALITÄTEN

„Salam d'la Duja", eine gereifte Wurst, die in einem Tontopf oder Glasbehälter getrocknet wird, „Salame d'oca" (eine Wurst aus Gänse- und Schweinefleisch) und die traditionellen piemonteser Käse: Robiola aus Roccaverano Murazzano, Toma delle Langhe, Castelmagno, Raschera, der köstliche Tomini, Paglierini und der Seirass, eine lokale Ricotta-Art. Die berühmte Piemontkirsche und die wunderbaren Haselnüsse (Tonda gentile) werden zu herrlichen Süßspeisen verarbeitet: Tartuffi di cioccolato und Gianduia (Nougat) gibt es in jeder Patisseria.

Capanna 2006

Brunello di Montalcino Riserva
Toskana
Italien

Italiens berühmtester und zugleich einer der edelsten Weine des Landes, der Brunello di Montalcino aus der Sangiovese-Grosso-Traube, kommt aus der Toskana, aus dem gleichnamigen Ort Montalcino. Seine Geschichte hat noch keinen Bart wie viele andere. Seine „Karriere" begann, als die Brunello-Rebfläche von ehemals 50 Hektar (Stand von 1968) in den frühen 90er Jahren auf über 1.000 Hektar ausgeweitet wurde. Heute liegt die Rebfläche bei über 2.000 Hektar. Leider ist nicht alles, was produziert wird, feinster Stoff. Auf vieles könnte verzichtet werden. Die strengen gesetzlichen Bestimmungen werden vielerorts nicht eingehalten, der Brunello ist deshalb nicht nur ein trendiger Edelwein, sondern, wie auch der berühmte Barolo aus dem Piemont, oft ein minderwertiger und gepanschter Massenwein. Seit einem veritablen Skandal im Jahr 2008 versucht man, das verschobene Image des Brunello wieder zurechtzurücken.

Es gibt einige ganz großartige Betriebe, die seit über 50 Jahren beste Weine produzieren, manchmal sogar Weine auf Weltklasse-Niveau. Ein Beispiel dafür ist die Familie Cencioni mit ihrem Weingut Capanna. Hier werden nach traditioneller Art feine Rotweine produziert, in Spitzenjahren wie 1990, 2004 und 2006, zählen ihre Brunelli zu den besten Rotweinen des Landes. Sie werden von der internationalen Fachwelt in den höchsten Tönen gelobt und sind im Vergleich echte Schnäppchen.

Patrizio Cencionis Weinberge liegen im Norden der Region, wo das Klima kühler ist und die Reben später reifen. Dadurch haben die Weine mehr Tannin in der Jugend, was den Wein lange frisch und jung hält und mit der Reife zu mehr Komplexität und Tiefe verhilft.

Der Brunello di Montalcino Riserva 2006 ist vielleicht der beste Wein, den Patrizio je gemacht hat. Er gilt darüber hinaus als bester Wein des Jahrgangs in der Toskana und als einer der sensationellsten Rotweine der Welt. Süße rote Früchte, Kirschen, Granatäpfel, Preiselbeeren und sonnengereifte Tomaten. Aber nicht nur die roten Früchte sind es, die seinen herrlichen Duft ausmachen. Eine Spur orientalischer Gewürze ist ebenfalls erkennbar. Satte, zahlreiche Tannine, die sich noch sehr kernig, jugendlich und mit Biss zeigen und den an sich sanften, sehr elegant wirkenden Wein umhüllen. Viel Druck am Gaumen und große Länge im vollreifen Nachgeschmack. Ein kleines Zuckerl trotz der hohen Verkostungsnoten ist, wie schon erwähnt, sein sensationelles Preisniveau!

FÜR CONNAISSEURE

Montalcino war eine der ersten italienischen Weinbauregionen mit DOC-Status. Schon 1966 konnte der Brunello auf eine geschützte Herkunftsbezeichnung verweisen. Feruccio Biondi Santi hatte den begehrten Status erkämpft. Gemeinsam mit nur elf anderen Betrieben unterzog er sich freiwillig strengen Qualitätskontrollen: Die Trauben für den Wein mussten zu 100 Prozent aus Sangiovese Grosso sein, einem Klon des Sangiovese, und aus der Region Montalcino kommen. Die Winzer durften ein festgesetztes Ertragsmaximum nicht überschreiten und die Weine mussten mindestens zwei Jahre lang im Eichenholzfass gelagert werden. Erst im Jänner des fünften Jahres nach der Ernte durfte Brunello verkauft werden.

Immer mehr Winzer erkannten das große Potenzial und begannen, in der Region Wein anzubauen. 1980 erlangte der Brunello di Montalcino als erstes Weinbaugebiet DOCG-Status. Die Qualität wurde

also nicht mehr nur kontrolliert, sondern auch garantiert. Die Region boomte, die ganze Welt wollte den edlen Rotwein aus der Sangiovese-Traube. 2007 war Montalcino auf 251 Betriebe angewachsen und der Markt wurde bis an seine Grenzen ausgereizt.

Als das italienische Nachrichtenmagazin *L'Espresso* im Jahr 2008 einen Artikel veröffentlichte, in dem von 100.000 Flaschen gepanschten und beschlagnahmten Brunello des Jahrgangs 2003 zu lesen war, war es mit dem Vertrauen in den Edelwein erst einmal vorbei – Montalcino konnte sich nie wieder vollständig von dem Skandal erholen. Viele kleine Familienbetriebe, so auch Capanna, halten jedoch die Stellung und versuchen mit ausgezeichnetem Brunello zu beweisen, dass die gehaltvollen Rotweine immer noch mit der Spitze der internationalen Rotweine mithalten können.

WEITERE
SPITZENPRODUZENTEN
Siro Pacenti
Casanova di Neri
Case Base
Poggio di Sotto
Poggio Antico
Vassco Sassetti

CF

FÜR UNTERWEGS

FLORENZ: Wer genügend Zeit mit-
bringt, sollte sich in dieser so schönen
und an Kunstschätzen reichen Stadt für
ein paar Tage einquartieren. Es gib viel zu
sehen und exzellente Gastronomie, allen
voran die Enoteca Pinchiorri. Alleine ein
Spaziergang über die wunderschöne
mittelalterliche Brücke, den Ponte Vecchio, entschädigt für eine Autofahrt.
Nicht zu reden von den unzähligen
schönen Plätzen und Gebäuden wie der
Piazza della Signoria, der Piazza della
Repubblica, dem Palazzo Vecchio oder
dem weltberühmten Dom Santa Maria
del Fiore. Einen Blick von der Piazzale
Michelangelo auf die traumhafte Stadt
sollte man sich ebenfalls unbedingt
gönnen. Und wer möchte nicht einmal
im Leben einen Blick auf Botticellis
Venus in den Uffizien werfen?
Viele kleine Bars laden zum Verweilen,
gutes und einfaches Essen findet man
an jeder Straßenecke, niemand sollte
Florenz verlassen, ohne ein Panino con
Trippa (mit gekochten Kutteln) direkt
am Markt zumindest gekostet zu haben.

SIENA: Liegt 40 Kilometer von Montalcino entfernt und ist ein Must für jeden
Besucher der Region. Die unzähligen
Sehenswürdigkeiten ergeben eine end-
lose Liste. Zwangsläufig findet man sich
aber immer wieder im Zentrum auf der
prächtigen Piazza del Campo, auf dem
jährlich der mittelalterliche „Palio", eines
der härtesten Pferderennen der Welt,
stattfindet.
Manche der sakralen Gebäude wie
der Duomo, die Basiliken San Dome-
nico und San Clemente, die Abbazia
di Sant'Antimo sollten auf jeden Fall
besucht werden. Die kleinen Gassen im
Zentrum laden dann zum Flanieren und
Shoppen ein.

LA FOCE: Ein magischer Ort mitten
im Tal Val d'Orcia mit einer berühmten
kleinen Strada und ihren Zypressen. Das
wiedereröffnete Restaurant Dopolavoro
erhält gute Kritiken. Das gesamte Tal
wurde übrigens von der Unesco zum
Weltkulturerbe erklärt.

Der Weg nach Montalcino führt durch
herrliche Landschaften geprägt von
Weinbergen, Olivenhainen, Weizen-

CAPANNA 2006

feldern, Steineichenwäldern und zahlreichen Zypressen. Die mittelalterliche Stadt hat viele Sehenswürdigkeiten, die man am besten zu Fuß erkundet. Weinliebhaber finden zahlreiche Enoteche im Zentrum. Das spannendste Angebot hat sicherlich die Enoteca della Fortezza. Die sanften Hügel um Montalcino eigenen sich bestens zum Radfahren und Wandern. Trotz des Reichtums der Region war erstaunlicherweise das gastronomische Top-Angebot, abgesehen von wenigen Ausnahmen, bislang eher unterentwickelt. Inzwischen gibt es ein paar sehr tolle Restaurants und Hotels, auch in der Luxusklasse, wenngleich die einfache Art des Reisens, der Agriturismo, immer noch sehr beliebt ist.

HOTELS & RESTAURANTS
Il Canto (Hotel Certosa di Magiano), Siena: Luxuriöses Ambiente, gute Küche mit moderner Stilistik.
Il Mestolo, bei Siena: Gute Küche mit regionalen Spezialitäten, Pasta, Fisch. Tolles Wein- und Spirituosenangebot. Der Padrone Gaetano ist ein ausgesprochener Liebhaber von guter Küche und Wein. Er leitet den Service, während seine Frau Nicoletta am Herd steht. Für die beiden ist ihr Beruf absolute Passion.
Castello di Velona: Ein Luxushotel mit super Lage!
Vecchia Oliviera: Ein hübsches Mittelklassehotel mit historischem Gemäuer.
Consorzio Brunello di Montalcino: Es informiert über seine Mitgliedsbetriebe, die Region und die Weinbaubetriebe. Ich bin durch meine Engagement im Tantris übrigens stolze Besitzerin des „Leccio d'Oro", eines Preises, verliehen vom Consorzio in der Kategorie „Restaurant". Er wird an Betriebe mit besonders umfangreichem Angebot an Brunello di Montalcino und anderen Montalcino-Weinen verliehen.

Nerobaronj 2008

**Azienda Agricola Gulfi
Chiaramonte, Sizilien
Italien**

Sizilien ist ein Schmelztiegel europäischer Geschichte, eine Schatzkammer phönizischer, griechischer, römischer, arabischer, normannischer und staufischer Kunst und Kultur. Städte und Orte wie Palermo, Agrigento, Siracusa, Taormina, Catania, Ätna, Cefalù und noch viele mehr laden zum Besuch. Es gibt wirklich viel zu sehen und große Geschichte zu erfahren. Und es gibt jede Menge an hervorragendem Wein. Wer nach Sizilien kommt, sollte also genügend Zeit für alles mitbringen.

Viele traditionelle Weinbaubetriebe geben hier immer noch den Ton an, aber auch die neuen hochmodernen Kellereien wissen sich und ihre Weine standesgemäß zu präsentieren. Jeder für sich und auf seine Art, versteht sich. So auch die Cantina Gulfi.

Das Weingut Gulfi liegt im Südosten Siziliens, im kleinen Bauerndorf Chiaramonte in der Provinz Ragusa. Es wurde Mitte der 90er Jahre gegründet, eine mit höchsten technischen Raffinessen gebaute Kellerei. Ihr Eigentümer und Motor, Vito Catania, ist in Frankreich aufgewachsen, ein cleverer Geschäftsmann und erfolgreicher Chemikalienfabrikant in der Lombardei. Er erbte in Sizilien drei Hektar Weinberge mit den ältesten Rebflächen in Pachino im Südosten der Insel. Hier gedeiht die rote Rebsorte Nero d'Avola, die wichtigste Rebsorte Siziliens, besonders gut. Damit konnte er sich endlich seinen Traum erfüllen und das Weingut der Familie übernehmen und aufbauen. Heute stehen 70 Hektar biologisch bewirtschaftete Rebfläche in Pachino und etwas weiter nördlich im Val die Noto in seinem Eigentum. Die Weinlagen tragen alle die alten Dialektnamen der Parzellen, nach denen auch die Weine benannt sind.

Aus dieser Kollektion ist für mich der Nerobaronj 2008 immer wieder der herausragendste, ein Feuerwerk an feinen Aromen. Der so typische Duft des Nero d'Avola, wie ein orientalischer Gewürzmarkt, scheint in diesem Jahrgang etwas verhaltener als in den Jahren davor. Dennoch riecht man Anklänge von Fenchelsamen, Nelken, Sandelholz, Wacholder bis Zimtstangen. Alles ist vorhanden, mal etwas mehr, mal etwas weniger. Dazwischen erahnt man einen ganzen Korb voller Beeren, Granatäpfel, Hagebutten oder ein Strauß herbstlicher Blumen. Das moderat gereifte, aber ausgeprägte Tanningerüst benötigt noch viel Reifezeit, gibt dem Wein aber jetzt schon Rückgrat und feste Struktur. Der fleischige Körper ist voller Kraft, satt mit saftendem Nachgeschmack. Der Nerobaronj ist kein Leichtgewicht, aber auch keine „Brumme", einfach ein wunderbar schmeckender Wein. Genuss ohne Reue, auf den es sich zu warten lohnt. Gulfi ist übrigens schon seit Jahren ein biologisch bewirtschafteter Betrieb.

FÜR CONNAISSEURE

Die Geschichte des sizilianischen Weinbaus ist unmittelbar mit der Geschichte der Rebsorte Nero d'Avola verbunden. Nero d'Avola wurde vom billigen Massenträger, der sich aufgrund seiner hohen Erträge als Verschnittwein eignete, zu einer der spannendsten Rotweinsorten Italiens.

Bis Ende der 80er Jahre setzte Sizilien auf Massenweine, die meist nicht einmal vor Ort abgefüllt wurden. Erst in den frühen 90ern begannen einige Weingüter um Regaleali und Planeta, qualitativ hochwertigen Wein zu produzieren. Setzten sie zuerst auf internationale Rebsorten wie Cabernet, Merlot und Syrah, erkannten sie bald das Potenzial ihrer lokalen Rebsorten, vor allem des Nero d'Avola. Kürzt man die Erträge und lässt man ihr die nötige Sorgfalt zukommen, dankt sie es mit strukturierten, hocharomatischen und langlebigen Rotweinen.

Entgegen einiger Annahmen, der Nero d'Avola stamme aus Kalabrien, haben jüngste Forschungen ergeben, dass es sich um eine ursprünglich sizilianische Rebsorte handelt. Aufgrund ihrer tiefschwarzen Farbe wurde sie der „Schwarze aus Avola" genannt. Avola, ein kleines Städtchen in der Provinz Siracusa, ist nicht nur die Heimat der gefragten Rebsorte, hier werden auch die feinsten Nero d'Avola der Insel produziert. Zwischen Siracusa und Ragusa sind die Böden besonders karg und kalkreich, die Weinberge sind durch die Monti Iblei vor der sengenden Hitze geschützt.

Aus dieser Region kommen auch die besten Roten aus dem Hause Gulfi, der mit acht reinsortig ausgebauten Nero d'Avola zu den wichtigsten Vertretern der neuen Weinszene Siziliens zählt. *CF*

WEITERE
SPITZENPRODUZENTEN
Planeta
Ceuso
Donna Fugata
Marco De Bartoli
Tasca d'Almerita

159

FÜR UNTERWEGS

RESTAURANTS & HOTELS

Locanda Gulfi, Chiaramonti Gulfi: Gehört zum Weingut in Gulfi. Das feudale Anwesen liegt auf einer kleinen Anhöhe inmitten von Weinbergen und Olivenhainen. Vom Pool bietet sich ein spektakulärer Blick über die liebliche Landschaft. Eigenes Restaurant mit wunderschöner Terrasse.
Cambiocavallo, im Val di Noto zwischen Modica und Pozzallo: Ein „Unesco Area & Resort" und nur wenige Kilometer vom Meer entfernt gelegen. Das Mini-Hotel verfügt über sechs stilvolle Zimmer mit Veranda.

SEHENSWÜRDIGKEITEN

Chiaramonti Gulfi liegt am Fuße der Monti Ibei und ist ein pittoreskes Dorf mit nur 8.000 Einwohnern. Die Kirche Santa Maria la Nova ist ein Schmuckstück aus dem 16. Jahrhundert, auch das Kloster ist sehenswert. Im Februar findet jährlich das Festival „Sagra della Salsiccia" statt, bei dem es meist hoch hergeht. Rund um die Kellerei Gulfi gibt es fünf Areale, die von der Unesco ausgezeichnet wurden. Die Region ist reich an antiken Denkmälern und geschichtsträchtigen Städten. Nach Siracusa lohnt sich ein Besuch in Ragusa, in Noto und in Avola, der Geburtstätte des gleichnamigen Rotweines. Sie sind voller barocker Kirchen und antiker Denkmäler, eines schöner als das andere.

KULINARIK

Der Einfluss fremder Kulturen wie der Griechen, Araber und auch der Franzosen spiegelt sich in der sizilianischen Küche wieder. Besondere Bedeutung haben die Dolci. Sie werden zu jeder Tageszeit gegessen. Vom Cornetto, wie das Croissant im Süden heißt, über köstliches Mandel- und Cremegebäck bis hin zur berühmten Cassata. Auch Zitrusfrüchte findet man in vielen Süßspeisen Siziliens. Eine wichtige Rolle in der sizilianische Küche spielen neben Fisch, allen voran Thunfisch und Schwertfisch, auch frisches Gemüse, Wildkräuter und Olivenöl. Alle Zutaten kommen von der Insel selbst.
Nicht zu vergessen die Pasta, die hier offenbar erfunden wurde. Das glauben zumindest die Sizilianer. Die bekanntesten

Pasta-Gerichte sind „Pasta alla Norma",
Nudeln mit einer Auberginen-Tomaten-
Sauce, und „Pasta con le Sarde", Nudeln
mit Sardinen und wildem Fenchel.
Pizza gibt es auf Sizilien in einer eigenen
Variation, „Sfincione" genannt. Der Teig
ist etwas dicker, leicht süßlich und je nach
Region mit Tomaten, Schafkäse, Sardel-
len, Salami und Oliven belegt.
Als Fleischgerichte sind Involtini (Rou-
laden mit Käse, Schinken und Pinienker-
nen) und Focaccia Maritata (Sesambröt-
chen mit Milz, Lunge, Ricotta und Cacio
Cavallo) beliebt.

Neusiedler See-Hügelland
Pamhagen, Burgenland
Deutschkreutz, Mittelburgenland

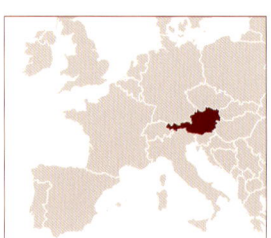

ÖSTERREICH

Steinzeiler 2009

Weingut Kollwentz
Neusiedler See-Hügelland
Österreich

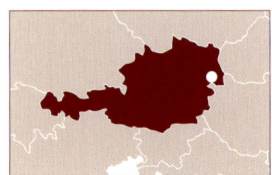

Seit nunmehr 40 Jahren demonstriert die Familie Kollwentz vom gleichnamigen Weingut mit ihrem „Steinzeiler", was einen großen Rotwein ausmacht. Das Weingut steht international an der Spitze der Qualitätspyramide, den Grundstein dafür hat Anton Kollwentz, einer der großen Doyens der österreichischen Rotweinszene, mit seinem Steinzeiler gelegt. Der ursprünglich sortenreine Blaufränkisch aus den besten Parzellen der Lagen Point und Setz wurde schon in den 60er Jahren gefüllt. Heute wird der Blaufränkisch mit Cabernet Sauvignon und Zweigelt cuvetiert und reift in erstklassiger französischer Eiche.

Aktuell ist der Steinzeiler 2009 am Markt, der 2010er entsprach nicht den hohen Qualitätsansprüchen der Familie Kollwentz und wurde deshalb erst gar nicht produziert. Weiter geht es mit dem 2011er, der als Fassprobe schon eine sehr gute Figur macht: tief, dicht, beerig, mit reichlich Potenzial und durchaus mit einem großen Bordeaux desselben Jahrgangs vergleichbar.

Der 2009er ist in seiner ganzen Größe ein Langstreckenläufer, aber noch im zarten Kindesalter und somit insgesamt sehr verhalten, nach Flaschenreife verlangend. Es dauert mindestens noch fünf Jahre bis zu einem ersten echten Trinkvergnügen. Tiefe, schwarzrote Farbe, ein Meer von roten Beerenaromen, Gewürze wie Wacholder, Pfeffer, Nelken, Cumin, Vanille und natürlich die Noten des noch jugendlichen Eichenholzes. Sein Geschmack ist vielschichtig, tiefgründig, extrem mineralisch, salzig, feinste Säure, präzise Tannine, engmaschig und sehr gut balanciert. Trinkgenuss für die nächsten 20 Jahre.

Wer nicht so lange warten möchte, dem kann ich mit Jahrgangstipps dank der legendären 2012 durchgeführten Verkostung „6 Jahrzehnte Steinzeiler" im Wiener Palais Coburg weiterhelfen. Große und trinkreifere Jahrgänge waren 2007, 2006, 2002, 2001 und 2000. Wohl dem, der sie im Keller hat oder auf einer gut sortierten Weinkarte findet!

Dem Macher dieses international anerkannten Weinmonuments, Anton Kollwentz, sei an dieser Stelle ein großes Kompliment ausgesprochen. Hat er doch im damaligen reinen Weißweinland Österreich, in dem man nicht einen Groschen für trocken ausgebaute Rotweine ausgab, mit viel Mut zum Risiko Zeit und Geld für Rotwein im Burgenland investiert. Es hat sich gelohnt! Herr Kollwentz, danke!

Seit 1993 führt Sohn Andi gemeinsam mit seiner Frau Heidi das Weingut. Mit sicherer Hand, großem Erfolg und Engagement. Andi Kollwentz' geballtes Weinwissen ist Garant für die zukünftigen Spitzenqualitäten im Hause Kollwentz – bei den Roten wie auch bei den Weißen.

FÜR CONNAISSEURE

Anton Kollwentz pflanzte bereits in den 50er Jahren den ersten Zweigelt Österreichs, in den 60er Jahren keltert er den ersten Ausbruch, wie ein Süßwein der Region genannt wird, und in den 70er Jahren bereiste er schon den Westen Österreichs, um seine Weine in der Spitzengastronomie zu verkaufen. In einer Zeit, in der die meisten burgenländischen Betriebe noch kaum Wein in Flaschen füllten. Und so wundert es auch nicht, dass der umtriebige Winzer 1981 den ersten Cabernet Sauvignon in Österreich auspflanzte, um ihn in französischen Barriquefässern auszubauen. Er löste damit einen nationalen Trend aus und darf als einer der Väter des sogenannten „Rotweinwunders" bezeichnet werden. Kollwentz experimentierte schon früh mit malolaktischer Gärung und gab

den burgenländischen Rotweinen eine völlig neue Ausrichtung. Erstmals wurden heimische Weine im Ausland überhaupt wahrgenommen.

Auch Sohn Andreas Kollwentz, der heute das Weingut leitet, hat die internationale Stilistik der Weine beibehalten. Er gilt als einer der begabtesten Kellermeister des Landes und schafft die oft schwierige Gratwanderung zwischen Tradition und Moderne mit Bravour. Inzwischen spielt der Cabernet eine eher untergeordnete Rolle, man besinnt sich wieder auf heimische Rotweinsorten. Obwohl sich das Weingut immer an den großen französischen Weinen orientiert hat, haben die Weine nie ihre Herkunft verleugnet. *CF*

WEITERE SPITZENPRODUZENTEN
Engelbert & Silvia Prieler, Schützen am Gebirge
Birgit Braunstein, Purbach
Feiler-Artinger, Rust
Kloster am Spitz, Purbach
Josef Leberl, Großhöflein
Rosi Schuster, St. Margarethen
Ernst Triebaumer, Rust

FÜR UNTERWEGS

HOTELS & RESTAURANTS

Restaurant & Hotel Taubenkobel, Schützen am Gebirge: Zählt zu den ersten Adressen Österreichs. Das Feinschmecker-Restaurant bietet internationale Küche aus heimischen Produkten. Geschmackvolles Interieur und wunderschöner Garten. Ein paar Meter weiter befindet sich das gleichnamige Bistro mit unkomplizieren Gerichten und feinen Gourmandisen.

Kloster am Spitz, Hotel & Restaurant, Purbach: Ein Weingasthof mit Blick über die Weinberge und den Neusiedler See. Regionale Produkte werden zu edler gutbürgerlicher Küche verarbeitet. Im Nebenhaus befindet sich das etwas nüchterne Hotel, das umso mehr mit einem einzigartigen Ausblick besticht. Tolle eigene Weine vom gleichnamigen Weingut!

Seehotel Rust, Rust am See: Großzügiges und geräumiges Familienhaus.

Pension Drahteselböck, Rust am See: Wie das Restaurant Taubenkobel im Besitz der Familie Eselböck. Nicht nur Radfahrer sind in diesem hübschen Hotel mit herzhaftem Frühstücksbuffet herzlich willkommen.

Wer schon immer mal genau über dem Wasser übernachten wollte, ist im **Haus im See** am südwestlichen Ufer des Neusiedler Sees, einem wirklich außergewöhnlichen Hotel der Familie Eselböck, bestens aufgehoben!

In der **Vinothek Selektion Burgenland** in Eisenstadt können burgenländische Weine verkostet und zu Ab-Hof-Preisen erstanden werden. Kleinigkeiten zum Essen aus regionalen Spezialitäten werden hier ebenfalls angeboten.

SEHENSWÜRDIGKEITEN

Die Freistadt Eisenstadt liegt am Fuße des Leithagebirges, auf dem wunderbar mineralische weiße und rote Weine wachsen. Die Bezeichnung „Gebirge" soll hier nicht in die Irre führen, seine höchste Erhebung ist der Sonnenberg mit 484 Metern. Eisenstadt ist kleinste Landeshauptstadt Österreichs und der Geburtsort Joseph Haydns, weshalb ihm hier seit 1986 ein Festival gewidmet ist: die sommerlichen Haydn-Festspiele auf Schloss Esterházy. Das Schloss ist das

kulturelle Zentrum der Stadt, das nach wie vor in Besitz der Familie Esterházy ist. Sehenswert sind auch die Gloriette und die Haydnkirche am Kalvarienberg. Wer das Schloss besucht, kann sich im angeschlossenen Restaurant Henrici über Haubenküche mit pannonischem Einfluss freuen.

Konkret 2009

**Weingut Meinklang
Pamhagen, Burgenland
Österreich**

Der streng biodynamisch bewirtschaftete landwirtschaftliche Mischbetrieb der Familie Michlits liegt am Rande des Nationalparks „Neusiedler See – Seewinkel" in Pamhagen im ungarisch-burgenländischen Grenzgebiet. Die Großfamilie Michlits betreibt hier neben einer Angus-Rinderzucht und Obst- und Getreideanbau auch biodynamischen Weinbau im vielfach ausgezeichneten Weingut Meinklang. Hier wird nach den strengen Regeln von Demeter gearbeitet, unter anderem bestimmen der Kreislauf des Mondes und der Gestirne die Arbeit in Weingarten und Keller. Die Weingärten gleichen Biotopen, sie sind voller Gräser, Wildkräuter und Insekten. Die natürliche Begrünung dient der Lockerung des Bodens, künstliche Düngemittel sind natürlich verpönt, der Kompost wird im landwirtschaftlichen Betrieb selbst hergestellt. Die Reben der Michlits sind wahre „Glückskinder", sind sie doch mit allen nur denkbaren positiven Einflüssen der Natur umgeben, behütet und geschützt. Die Grauburgunderreben für den „Graupert" wachsen übrigens vollkommen wild, ohne jemals durch Rebschnitt in Form gebracht zu werden.

Werner Michlits und seine Frau Angela sind die Weinmacher der Familie. Für manche mag ihre biodynamische Philosophie und Arbeitsweise noch befremdlich wirken, viele andere hat sie längst überzeugt. Schlussendlich zählt immer noch die Qualität. Ich bin sogar begeistert, seit ich erstmals auf einer Weinveranstaltung ihre Weine probiert habe. Es sind ganz eigene Persönlichkeiten mit einer ganz individuellen Geschmacksrichtung, die den Genießer aber nie überfordert. Keine „Sherrytypen" mit Oxydationsnoten, sondern frische, quicklebendige Weine, die einen manchmal in die gute alte Zeit zurückversetzen, in der man als Weintrinker noch Geduld mitbrachte. Damals bekam der Wein die Zeit zur Reife, die er benötigte.

Alle Michlits-Weine hier zu beschreiben, sprengt den Rahmen, aber so viel sei gesagt: Die weißen wie die roten sind Unikate. Weine, wie man sie sich viel öfter wünscht, aber leider zu selten auf dem Markt findet: unverfälscht, authentisch, natürlich und wohlschmeckend.

Ganz besonders beeindruckt bin ich vom „Konkret St. Laurent 2009", der in einem überdimensionalen Zement-Ei ausgebaut wird. Der Zement fördert den Reifeprozess durch äußerst feine Mikrooxidation, Sauerstoffzufuhr durch die Poren, besonders positiv. Neben dem Material ist es die Form des Eis, die den Jungwein in einer natürlichen Zirkulation in Bewegung hält. Das Ergebnis ist ein spannender Wein, voller Dynamik, mit einem reichhaltigen Bukett von kleinen roten Früchten und dunklen Beeren. Mit Kraft und Länge im Abgang, sanfter Tanninstruktur im Gesamteindruck und gezähmten

Bitterstoffen. Ein lebendig strahlender Wein aus einem großartigen
Jahrgang – die Zeit wird seine Größe aber erst wirklich präsentieren.

FÜR CONNAISSEURE

Der biodynamische Arbeitsweise liegt ein ganzheitliches Konzept zugrunde, sie geht auf die Lehren des Anthroposophen Rudolf Steiner zurück. Schon in den frühen 20er Jahren hielt er Vorträge zur Verbesserung der Landwirtschaft unter ökologischen Gesichtspunkten.

Die Biodynamie verzichtet strikt auf alle systemischen Dünge- und Pflanzenschutzmittel und verwendet stattdessen natürliche Präparate aus Kräutern und Mineralien, die unter anderem in Kuhhörnern reifen. Mit Kuhmist und Hornkiesel verrührt, werden die biodynamischen Präparate und Tees unter Berücksichtigung kosmischer Energie zur Stärkung der Pflanze und des Bodens gespritzt. Man richtet sich nach Mondphasen und Planetenkonstellationen.

Der bäuerliche Betrieb wird als geschlossener Kreislauf betrachtet.
Die Nutztiere, meist Pferde und Rinder, werden wenn möglich einerseits zum Pflügen und andererseits als Düngerlieferanten am Hof
gehalten. Durch die Vitalisierung des Bodens soll auch die Pflanze
robuster werden.

Nicht alle biodynamisch arbeitenden Winzer vertreten die Ideologien
Rudolf Steiners, manche verwenden lediglich biodynamische Techni-
ken und verzichten auf den esoterischen Hintergrund. Alle sind jedoch
von der positiven Wirkung überzeugt: Die Rebstöcke seien gesünder
und die Weine ausdrucksstärker als konventionell bearbeitete. Der
Erfolg gibt ihnen Recht. *CF*

**WEITERE
SPITZENPRODUZENTEN**
Andert Weine, Pamhagen
Claus Preisinger, Gols
Anita & Hans Nittnaus, Gols
Gernot & Heike Heinrich, Gols
Schloss Halbturn, Halbturn
Johann Schwarz, Andau
Josef Umathum, Frauenkirchen
Roland Velich, Apetlon

FÜR UNTERWEGS

Pamhagen liegt 80 Kilometer südöstlich vom Flughafen Wien-Schwechat im nördlichen Burgenland. Vor den Toren des kleinen Grenzortes öffnet sich eine der schönsten Naturlandschaften Europas in unmittelbarer Nähe zum Nationalpark „Neusiedler See – Seewinkel". Natur pur ist hier angesagt. Das Reservat bietet unzähligen Vogelarten Schutz und Nistplätze. Fahrradfreunde kommen hier voll auf ihre Kosten: Die unendliche Weite der Steppe lädt zu ausgedehnten Radtouren ein.

In Pamhagen gibt es auch einige Sehenswürdigkeiten wie den Türkenturm aus dem 17. Jahrhundert, Wahrzeichen des Ortes. Wer mit Kindern reist, sollte unbedingt den Steppentierpark besuchen. Auch Erich Stekovics in Frauenkirchen muss mit seinem Paradeiser- und Gemüseparadies auf Erden unbedingt erwähnt sein. Bekannt geworden ist er mit seinen Paradeisern (Tomaten), aber seine „Mieze-Schindler"-Erdbeeren sind zumindest ebenso verführerisch. Wer sie einmal gegessen hat, ist ihnen für immer verfallen.

RESTAURANTS & HOTELS

Restaurant Zur Dankbarkeit, Podersdorf: Ein erstklassiges Gasthaus mit viel Flair und Charakter. Hier gibt es gehobene Landküche mit Produkten der Region: Fische aus dem Neusiedler See, burgenländische Weidegans und Fleisch vom Mangalitzaschwein und Steppenrind. Podersdorfer Spargel, Paprika und Tomaten kommen von Erich Stekovics. Die Spezialitäten des Hauses sind sicher die Pannonische Fischsuppe mit Paprika, der Jiddische Hühnerleberaufstrich sowie Leber und Nieren vom Kaninchen.

Hofa Toni, Pamhagen: Heuriger mit erstklassigen kalten Gerichten aus besten regionalen Produkten. Äußerst empfehlenswert.

Gowerl Haus, Illmitz: Uriger Buschenschank, sehr nett.

Vila Vita Pannonia, Pamhagen: Ein erstklassiges Hotel und Feriendorf mit großem Wellness- und Freizeitangebot. Empfehlenswert ist auch das dazugehörende Restaurant.

Residenz Velich, Apetlon: Chic eingerichtete Appartements mit Spa-Bereich im Anwesen des Weinguts inmitten

des Seewinkelgebiets. Erstklassige
Weiß- und Süßweine und Frühstück der
Extraklasse mit Speck von der eigenen
Freilandschweinezucht.

Opus Eximium
№ 23 2010

Weingut Albert Gesellmann
Deutschkreutz, Mittelburgenland
Österreich

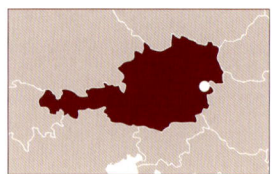

Der nationale und internationale Trend zum Rotwein begünstigte in den 90er Jahren auch im Mittelburgenland die Entscheidung vieler Winzer, sich verstärkt dem Anbau heimischer roter Sorten zu widmen. Einer dieser österreichischen Rotweinpioniere ist Engelbert Gesellmann aus Deutschkreutz, der schon Mitte der 80er Jahre neben den heimischen Sorten Blaufränkisch und St. Laurent die internationalen Sorten Cabernet Sauvignon und Merlot pflanzte. Längst hat er die Geschäfte seinem Sohn Albert übertragen, der davor noch „wilde Zeiten in Südafrika und Kalifornien" verbrachte. Fern der Heimat lernte der stets lebenslustige und gesellige Albert die Weine der Neuen Welt kennen und gleichzeitig die hohe Qualität der österreichischen Rotweinsorten schätzen. Blaufränkisch, St. Laurent und Zweigelt sind ihm heute im 40 Hektar umfassenden Familienbetrieb die wichtigsten und wertvollsten Rebsorten, sie wachsen auf den lehmigen, tonreichen und kalkhaltigen Hügeln um Deutschkreutz. „G", „Bela Rex" und „Opus Eximium" – keiner dieser drei Rotweine dürfte heute im Angebot der Gesellmanns fehlen, denn jeder ist eine Persönlichkeit für sich und garantiert die Vielfalt im Weinprogramm. Der Opus Eximium wurde 1988 zum ersten Mal aus den Rebsorten Blaufränkisch, Pinot Noir, St. Laurent und Cabernet Sauvignon produziert. Heute werden nur noch die heimischen Blaufränkisch, St. Laurent und Zweigelt verwendet. Das Alter der Rebstöcke liegt zwischen 62 und 22 Jahren. Ausgebaut wird der Rotwein im kleinen Eichenfass, was ihm Würze, Kraft und einen reichen, kernigen Geschmack verleiht. Der Opus gilt nicht nur im Hause Gesellmann längst als Kultwein.

Mit dem Opus Eximium 2010 wurde der 23. Jahrgang abgefüllt. Die Menge fiel leider deutlich geringer aus als in den Vorjahren, dafür ist das Ergebnis in der Flasche sehr zufriedenstellend. Das wechselseitige Aromenspiel in der Nase ist verführerisch: Zwetschgen, Weichselkirschen, orientalische Gewürze wie schwarzer Pfeffer, Muskatnuss, Lakritze, Vanille und Wacholder. Frisch mit ansprechender Säure, viel Fleisch, süßlichen reifen Tanninen am Gaumen. Der Wein hat Biss und ein feines Spiel aus Frucht und Holz. Viel Kraft im druckvollen Abgang. Rundum ein gelungener, wunderbarer Wein mit Potenzial für zwei Jahrzehnte.

FÜR CONNAISSEURE

Das Mittelburgenland ist ein warmes Weinbaugebiet, in dem das pannonische Klima voll zum Tragen kommt. Man spürt die Nähe zu Ungarn deutlich: Die Tage sind sonnenreicher und die Nächte milder als im übrigen Burgenland. Das Ödenburger Gebirge schützt es zudem vor kalten Nordwinden. Aber auch die Böden unterscheiden sich wesentlich: Schwere, tiefgründige Lehmböden prägen vor allem die Weine in Horitschon und Deutschkreutz. Sie fallen kräftiger und opulenter aus als in den anderen Anbaugebieten des Burgenlands.

Seit jeher wird in dieser Region Blaufränkisch ausgebaut, doch erst in den 60er Jahren füllte der legendäre Winzer Hans Igler den ersten Blaufränkisch in die Flasche. Dies war der Beginn einer Erfolgsgeschichte: In den 80er Jahren setzten die mittelburgenländischen Winzer auf moderne Weinstilistik. Sie verwendeten zunehmend mehr Barriquefässer und pflanzten internationale Rebsorten. Man orientierte sich an Bordeaux und der Neuen Welt. Die Weine gerieten immer voluminöser und trugen so imposante Namen wie „Imperator", „Tycoon" oder „Pentagon".

Die Nachfrage unter heimischen Weinliebhabern war groß – die Preise stiegen entsprechend. Als in den 90er Jahren auch noch die Mode der Mostkonzentration in den österreichischen Weinkellern Einzug hielt, waren die Winzer des Mittelburgenlands unter den ersten Protagonisten: Selbst in warmen Weinjahren wurde den Rotweinen Wasser entzogen, um sie noch weicher und gefälliger zu machen.

Es war die Zeit des „österreichischen Rotweinwunders". Heimische Cuvées mit 14 und mehr Volumsprozent erfreuten sich großer Beliebtheit, die Weine gerieten zunehmend zu barocken Fruchtorgien: ein Weinstil, der viele Freunde hatte und fast zum Synonym für das „Blaufränkischland" geworden ist. Inzwischen hat ein Umdenken eingesetzt: Die heimischen Rebsorten erlangen wieder an Bedeutung, die Weine werden schlanker und trinkanimierender. Die Winzer erkennen endlich das große Potenzial des Blaufränkisch und schenken ihm heute ihre volle Aufmerksamkeit.

WEITERE SPITZENPRODUZENTEN
Hans Igler, Deutschkreuz
Heribert Bayer, Neckenmarkt
Heinrich, Deutschkreutz
Iby, Horitschon
Paul Kerschbaum, Horitschon
Weninger, Horitschon

CF

FÜR UNTERWEGS

RESTAURANTS & HOTELS
Hotel & Gasthof Huszar, Deutschkreutz: In dem einfachen, aber hervorragenden Gasthaus begegnet man Winzern der Region ebenso wie Jägern, die mit ihrem Wild die Speisekarte bereichern.
Gasthof Zur Traube, Neckenmarkt. Ein gutbürgerliches Landgasthaus, das mit Spezialitätenwochen mit Lamm, Wild, Geflügel, Fisch und Spargel seine Gäste anlockt und insgesamt ein regionales Speisenangebot mit hoher Qualität anbietet.
Ernst Graf in St. Margarethen ist spezialisiert auf alles Gute aus Knoblauch und Zwiebel.

SEHENSWÜRDIGKEITEN
Ein Erlebnis der besonderen Art bietet die letzte echte Ritterburg Österreichs in Lockenhaus. Das angeschlossene Hotel kann man auch für Seminare und besondere Anlässe buchen. Auf der Burg findet seit über 30 Jahren im Sommer das renommierte „Kammermusikfest Lockenhaus" statt.
Der Römersteinbruch in St. Margarethen ist Schauplatz spektakulärer Operninszenierungen vor einer grandiosen Kulisse. Empfehlenswert ist auch die Draisinentour von Neckenmarkt nach Oberpullendorf. Eine einzigartige Fahrradtour auf den Draisinen-Schienen einer alten Bahnstrecke durch die romantische Landschaft des Mittelburgenlandes.

Villány-Siklos
Villány

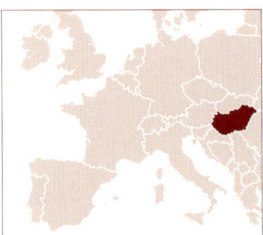

UNGARN

Cabernet Franc 2008

Heumann
Villány-Siklos
Ungarn

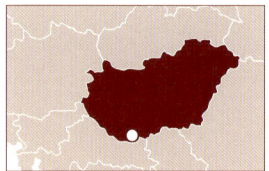

„Wein ist unsere Passion und Bestimmung, Qualität unsere oberste Maxime!" So lautet das Motto auf der Website der Heumanns in Villány-Siklos. Dass diesen Worten die Taten folgen, kann man in den Weinen auch schmecken. Step by Step wird im Weingut der Familie Heumann investiert, verändert, erneuert. Angefangen hat alles 1995 mit der Pacht eines Weinbergs im Süden Ungarns nahe der Grenze zu Kroatien. Aus dem ursprünglichen Hobbybetrieb wurde jedoch schnell eine professionelle Kellerei mit allem, was dazugehört. Selbst der Junior hat inzwischen in der Schweiz Önologie studiert und unterstützt die Eltern, soweit es geht. Die Region Villány-Siklos mit dem gleichnamigen Städtchen ist für Rotweine aus Villány und Weißweine aus Siklos zumindest in Ungarn bekannt.

In deutschsprachigen Ländern sind wie im Rest der Welt außer billigen Rotweinimporten oder dem süßen Tokajer wenige Weine aus Ungarn bekannt. Dafür verantwortlich ist nicht nur das sich noch entwickelnde Marketing, sondern auch die Tatsache, dass die Topweine aus Ungarn in Ungarn selbst, speziell in Budapest, getrunken werden. Die Ungarn sind stolz auf ihre Winzer und deren Weine, sie lieben es, sie auf ihren Weingütern zu besuchen, zu präsentieren und zu feiern. Und da die Mengen begrenzt sind, ist es auch verständlich, dass für diese Weine relativ hohe Preise bezahlt werden. Ich wünschte, wir Deutschen hätten ein wenig von dieser Weltanschauung.

Heumann hat inzwischen ein Weinangebot, das sich von Chardonnay über Rosé bis zu sechs verschiedenen Rotweinen erstreckt: von der heimischen Sorte Kékfrankos (Blaufränkisch) über die internationalen Reben Cabernet Sauvignon, Merlot und Cabernet Franc. Wobei der Cabernet Franc speziell in Villány eine besonders große Fläche und Dichte an extrem guten Qualitäten bietet. Für mich ist er auch bei Heumann der Star im Keller. Über mehrere Jahrgänge verfolge ich seine Qualität schon und bin davon überzeugt, dass hier ein extrem guter Vertreter dieser Rebsorte produziert wird. Und das zu einem sehr fairen Preis.

Der sehr gute Cabernet Franc 2008 (er ist derzeit am Markt noch erhältlich) wird aber bald vom noch etwas kernigen, verschlosseneren 2009er ersetzt werden, der am besten einen Tag vor dem Genuss geöffnet und dekantiert werden sollte.

Leuchtendes, strahlendes Rubinrot. Kräuterwürzige Nase nach kleinen roten Paprika, Chillis und Pfefferwürze. Rote Früchte von Himbeere bis Walderdbeere, eine frische und klare Fruchtaromatik. Anregende Säure und feine Textur im Gaumen, noch leicht kantiges

Tannin, das nach Reife verlangt. Aber bei Heumanns Weinen ist
der Faktor Zeit von großer Bedeutung. Gut so in einer Weinwelt,
wo schon am Morgen danach alles seinem perfekten, globalisierten
Trinkfluss folgen soll.

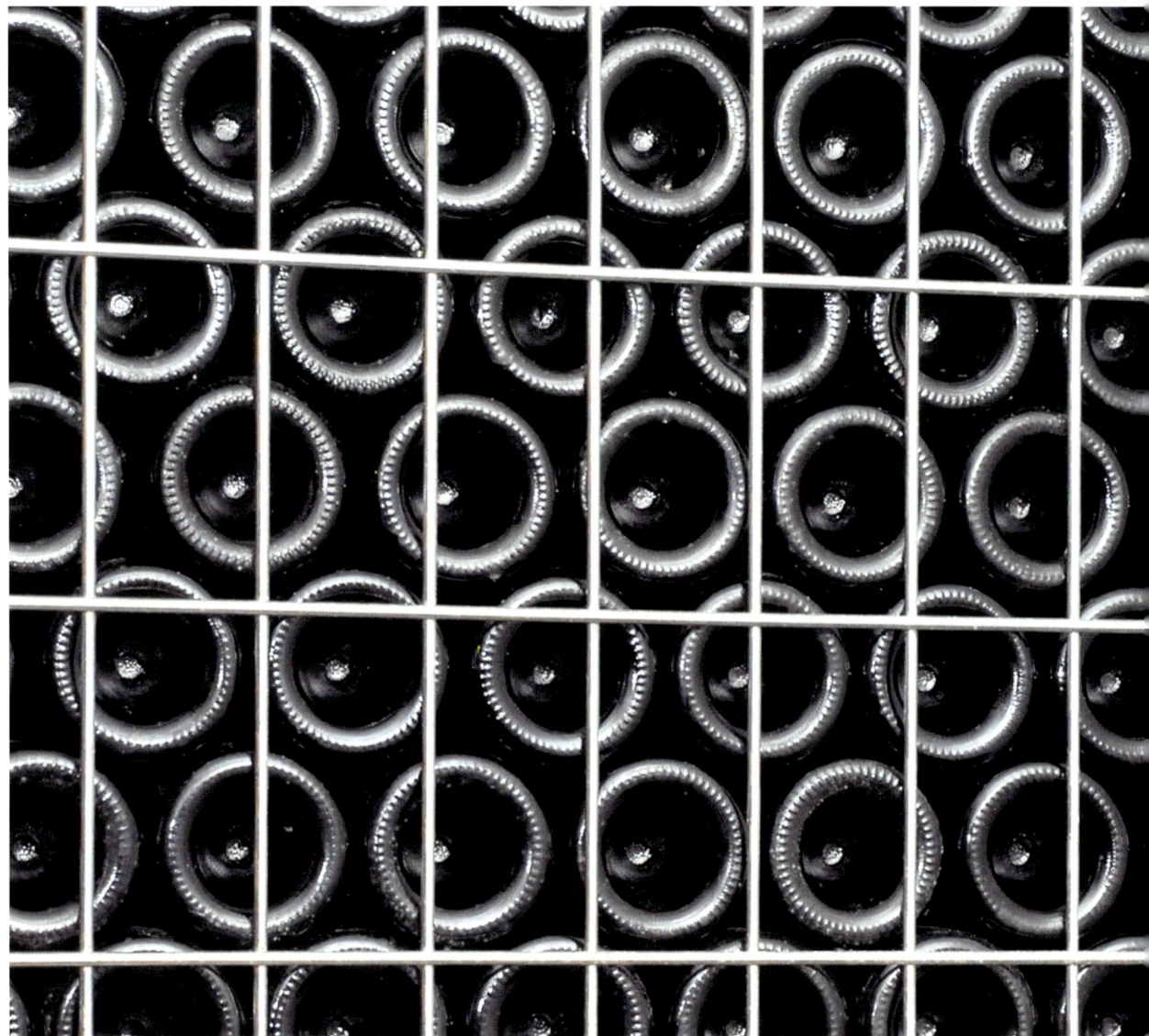

FÜR CONNAISSEURE

Bis zum Ende der kommunistischen Herrschaft und der Wiedereinführung eines kapitalistischen Wirtschaftssystems unterlag die ungarische Weinwirtschaft staatlicher Kontrolle. Wein durfte nur zum Eigenbedarf und in geringen Mengen selbst abgefüllt werden. Die Mehrheit waren billige Massenprodukte und wurden von staatlichen Unternehmen erzeugt.

In den frühen 90er Jahren begann eine neue Ära im ungarischen Weinbau: Viele Betriebe machten sich unabhängig, ausländische Investoren kamen ins Land: Das große Potenzial der Weinregionen wurde erstmals erkennbar. Einzelne Winzer machten sich einen Namen, sie können heute mit den Spitzenproduzenten der Welt mithalten.

Eine besonders begünstigte Region ist Villány-Siklós im äußersten Süden des Landes. Die Winzer der Region haben sich neben einigen heimischen Rebsorten auf internationale Reben spezialisiert, denn das mediterrane Klima macht es auch Rebsorten wie Cabernet Sauvignon, Cabernet Franc und Merlot möglich, voll auszureifen. Vom Villány-Gebirge geschützt, können selbst in schwierigen Jahren hervorragende Rotweine reifen. Die unterschiedliche Geologie ermöglicht zudem differenzierte Weine. Von schwerem Löss bis zu Schiefer und kalkreichen Böden finden sich fast alle Varianten in der begnadeten Weinregion. So wundert es auch nicht, dass der Weintourismus in Villány-Siklós boomt wie nie zuvor.

CF

**WEITERE
SPITZENPRODUZENTEN**
Bock Pincézet – Bock József, Villány
Tiffán Ede és Zsolt Pincészet, Villány

FÜR UNTERWEGS

RESTAURANTS & HOTELS
Hotel Castello, Siklós: Das neue 4-Sterne-Hotel liegt unterhalb der Burg. Auf dem selben Gelände liegt ein großzügig angelegter Spa mit schwefelhältigen Thermalbecken.
Enoteca Corso: Das beste Restaurant der Region mit 14 Gault-Millau-Punkten und einem tollen Weinangebot.

SEHENSWÜRDIGKEITEN
Neben der ältesten Weinstraße Ungarns ist Pécs (zu deutsch Fünfkirchen), rund 25 Kilometer nördlich von Siklós, auf jeden Fall sehenswert. Sie bietet viele historische Bauten und Kirchen, allen voran eine Moschee aus der Zeit der Osmanen. Die hübsche Stadt punktet mit mediterranem Flair. Pécs ist definitiv eine Reise wert.

CABERNET FRANC 2008

Cuvée Carissimae 2008

Kopár-Dülö
Weingut Tiffán
Villány
Ungarn

Der ungarische Weinbau hat eine Geschichte, die mindestens bis in die Römerzeit zurück verfolgt werden kann. Seine wohl weltweit bekanntesten Weine sind der weiße Süßwein Tokaj aus dem Norden und der billige Rotwein „Stierblut" aus der Region Eger im Süden des Landes.

Leider hat der aktive Weinbau in Ungarn selbst in Tokaji, der berühmtesten aller 22 ungarischen Regionen, unter der kommunistischen Herrschaft sehr gelitten. Einzelne Winzer mit individuellen Weinen hatten gegen die marktbeherrschende Massenproduktion der staatlich geführten Betriebe eine Chance. Erst ab dem Jahr 1990 hat sich die Situation schlagartig geändert – private Weingüter bekamen eine Chance, die Winzer investierten in ihre Betriebe, sammelten Auslandserfahrungen und brachten nach und nach ihre Weine auf internationale Verkostungen, wo man ihre Qualitäten vergleichen konnte. Inzwischen floriert der Inlandsmarkt und die Preise bewegen sich auf erstaunlich hohem Niveau, die besten Qualitäten sind in Windeseile Jahr für Jahr ausverkauft. Mehr Glück hat man, wenn man außerhalb Ungarns auf die Suche geht. Es gibt in Deutschland und Österreich ein paar gute Quellen, Importeure mit sehr guten Verbindungen zu den Weingütern.

Quasi in der Nachbarschaft des großen und berühmten Weingutes von Attila Gere in Villány gibt es einen weiteren erstklassigen Betrieb, das Weingut Tiffán, das ab 1993 nach und nach zu einer modernen Weinkellerei umgebaut wurde. Geführt wird der Familienbetrieb von Ede Tiffán, der auch in der Verbandspolitik recht aktiv ist, und seinem Sohn Zsolt. Neben den heimischen Rebsorten Kadarka und Kékfrankos wurden auf den kalksteinreichen, von Löss und Lehm geprägten Böden Villánys internationale Sorten wie Cabernet, Merlot und Pinot Noir gepflanzt.

Mich überzeugten Tiffáns Rotweine in einer privaten Verkostungsrunde. Ganz besonders der „Carissimae", ein Blend aus Cabernet Sauvignon, Cabernet Franc und Merlot, ist mit seinen (mindestens) 15 Prozent Alkohol kein Wein für Feiglinge. Dennoch hat er trotz des hohen Alkohols die Vitalität eines Langstreckenläufers. Der Wein schmeckt keineswegs wie ein Alkoholmonster, sondern wie ein sehr gut balancierter Wein, der sich ohne Fehl und Tadel einfach gut trinken lässt und in der Tat auch am Ende der Flasche einen Genuss ohne Reue darstellt. Ein Sommerwein ist er natürlich nicht, obwohl er bestens zu gegrilltem Lamm oder dicken Rindersteaks mit Paprikagemüse schmecken würde. Aber der nächste Winter kommt bestimmt, und es passt auch ein kräftig gewürztes ungarisches Gulasch vorzüglich. Neben blauen Beeren, Lakritze, Bitterschokolade, schwarzem Trüffel oder Baumrinde entdecke ich auch Waldboden, Unterholz und Moos im Duft. Zahlreiche Bittertöne, aber nicht störend, ein reichhaltiges Gerbstoffkorsett, satt und dicht, prägen den Geschmack. Vielleicht ist er etwas sehr balsamisch, in jedem Fall hat er einen Charakter, dem durchaus beruhigende Eigenschaften nachgesagt werden können.

FÜR CONNAISSEURE

Im westlichen Teil Ungarns, zwischen der österreichischen Grenze und der Donau, befinden sich insgesamt 14 kleinere Weinbaugebiete. Das Klima wird dort vom Balaton (Plattensee), Neusiedler See und der Donau positiv beeinflusst. Nördlich des Balatons finden sich vulkanische Böden, wo hauptsächlich die Rebsorte Kéknyelü gedeiht.

Ganz im Westen liegt die Region Sopron. Sie ist eine Art Verlängerung des österreichischen Weinbaugebietes Neusiedler See-Hügelland und zeichnet sich wie diese durch schwere, lehmige Böden aus. Einige österreichische Winzer besitzen dort Weingärten. Die Region ist inzwischen bekannt für hervorragende Rotweine. Zu den wichtigsten Rebsorten zählen Kékfrankos, Cabernet Sauvignon, Merlot und Pinot Noir.

Die Weingärten der Region Eger liegen in Nord-Ungarn an den Hängen des Bükk-Gebirges. Hier wachsen die Rebsorten Kékfrankos (Blaufränkisch), Kadarka, Blauburgunder, Kékmedoc (Menoir),

Zweigelt, Cabernet Franc, Cabernet Sauvignon, Merlot und Pinot Noir. Die Stadt Éger (Erlau) liegt mitten im Weinanbaugebiet. Von hier kommt das bekannte „Erlauer Stierblut", ein grauenvoller Massenwein aus Kékmedoc. Besuchenswert sind das Thermalbad, die Kathedrale und verschiedene Kirchen.

Tokaj, die bekannteste und prestigeträchtigste Weinbauregion Ungarns, liegt im Nordosten des Landes. Von hier stammt der berühmte Tokaji, benannt nach der Stadt Tokaj (das angefügte „i" bedeutet „aus Tokaj"). Die edelsüßen Weine der Region werden aus den Rebsorten Furmint und Hárslevelü gekeltert, wobei die besten Tokaj-Weine zu 100 Prozent aus Furmint hergestellt werden.

Ganz im Süden nahe der Grenze zu Kroatien liegt Villány-Siklós. Charakteristisch für diese Region ist ihr mediterranes Klimas mit langen, heißen Sommern, weshalb hier die spät reifende Sorte Cabernet Sauvignon besonders gut und in relevanten Mengen gedeiht. *CF*

WEITERE SPITZENPRODUZENTEN
Attila Gére, Villány
Günzer Tamás, Villány. Der hauseigene Gasthof ist sehr nett.
Ajalos Wunderlich, Villány. Ein Quereinsteiger, das Weingut ist relativ neu. **193**

RESTAURANTS & HOTELS
Crocus Gere Bor Hotel, Wine Spa,
Villány: Das erste 4-Sterne-Haus der
Region wurde 2009 eröffnet und gehört
zum Weingut Attila Gere. Es gibt
einen großen Pool, tolle Wellnessange-
bote und sogar Vinotherapie.
Restaurant Mandula: Offeriert eine gute
ungarische Regionalküche mit vielen
Spezialitäten und einer eigenen Weinbar.
Auf dem Weg nach Villány gibt es zahlreiche Kurorte, auch in der Umgebung
von Weinregionen, besonders um den
Plattensee.
Selbstverständlich ist auch Budapest
immer eine Reise wert. Empfehlenswert
ist hier besonders das **Hotel Hilton**
wegen seines herrlichen Blicks über die
Stadt.

Hvar
Norddalmatien

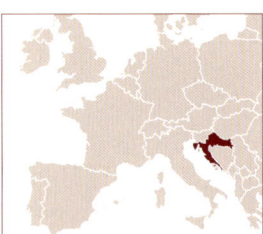

KROATIEN

Tomic 2009

Plavac Mali Barrique
Weingut Bastijana
Hvar
Kroatien

Plavac Mali ist eine der zahlreichen autochthonen Rebsorten Kroatiens und wird besonders häufig auf der gut 80 Kilometer langen kroatischen Insel Hvar angebaut. Hier wurde schon zu Römerzeiten Wein ausgepflanzt. Hvar ist nicht nur eine der schönsten Inseln der Adria, sie duftet und blüht auch vom Frühjahr bis in den späten Sommer an allen Ecken und Enden. Dank der vielen Sträucher und Kräuter von Lavendel, Rosmarin, Salbei, Fenchel bis zu Liebstöckel und vielen anderen hat sie den zahlreichen Touristen einiges zu bieten, und zwar nicht nur unter den Sonnenanbetern, sondern auch den Liebhabern von Küchengewürzen.

Was den Weinanbau betrifft, ist aber nicht nur die Insel Hvar, sondern ganz Kroatien nach Kommunismus und Krieg wieder im Aufbau. Der karge Boden auf Hvar hat nur eine dünne Humusschicht, unter der sich dann ein massives Kalkgestein befindet. Die Weinberge sind atemberaubend und überraschen mit bis zu 60-prozentigen Steillagen-Weinbergen, die viel, sehr viel intensive Bearbeitung verlangen. Durch die Tatsache, dass es hier vom Frühjahr bis in den Herbst so gut wie nie regnet, müssen die Reben besonders tief wurzeln, um sich in der Tiefe mit Nährstoffen zu versorgen. Die auf der Insel übliche niedrige Stockkultur schützt durch ihren niedrigen Wuchs den Boden zusätzlich vor dem Austrocknen.

Neben der heimischen weißen Rebsorte „Posip" wird auch Sauvignon Blanc oder Malvazija angebaut. Die überall präsente rote Rebsorte „Plavac Mali" übertrifft mit ihrem Charakter alle anderen Sorten wie Merlot, Shiraz oder Cabernet. Die „kleine Blaue" hat hier besonders günstige Voraussetzungen für beste Qualitäten und ergibt tiefdunkle, schwere Rotweine mit recht viel Alkohol und sehr gutem Entwicklungspotenzial. Wenn ihr Produzent mit ihr umzugehen versteht und das oft hohe Alter des Rebstocks von 70 und mehr Jahren – und die dadurch geringe Ausbeute – akzeptiert, bekommt er Rotweine mit beachtlichen bis sehr guten Qualitäten. In den besten Fällen gibt es Paradeweine wie die von Zlatan Plenkovic oder wie jene von Andro Tomic.

Auf dem noch jungen Weingut Bastijana, 1997 von Andro Tomic gegründet, wird nichts dem Zufall überlassen. Der bestens ausgebildete Önologe Tomic ist für viele Winzer auf der Insel ein Vorbild. Mit seinem Plavac Mali, der im Barrique ausgebaut wird, steht er nicht nur auf der Insel an der Qualitätsspitze, sondern wird in ganz Kroatien sehr geschätzt. Weinkenner im Ausland werden langsam auf die Weine aufmerksam, was bedeuten könnte, dass die schon beachtlichen Preise in absehbarer Zeit sogar noch weiter nach oben ausschlagen werden.

Dörrobst aus Birnen, Zwetschgen, Rosinen, Korinthen. Kakao, Schwarztee, Bitterschokolade. Erdige Anklänge, aber auch frische Fruchtnoten von Heidelbeeren, Holunder, schwarzen Johannisbee-ren. Reichlich sattes Tannin, wirkt aber weich und reif. Gehaltvoll, reich am Gaumen. Ein Powerwein, der wegen seines hohen Alkohols zwar recht schnell satt macht – das bedeutet aber auch, dass man mit einer Flasche sehr weit kommt.

FÜR
CONNAISSEURE

Kroatien hat eine lange Weinbautradition. Der Produktion guter Weinqualitäten war allerdings wie überall während der kommunistischen Regierung so gut wie nicht vorhanden. Jahrzehntelang floss die gesamte Ernte in den sozialistischen Einheitsbottich – riesige Mengen an minderwertigen Massenweinen überschwemmten das Land. Lediglich eine kleine Menge Weins durften die Weinbauern für ihren eigenen Bedarf behalten. Nach dem Fall des kommunistischen Regimes wütete über viele Jahre der Balkankrieg, auch hier war selbstverständlich kein Spielraum für Wein.

Erst Mitte der 90er Jahre hat sich eine junge Winzergeneration auf ihre Wurzeln besonnen: Mit heimischen Rebsorten und modernem Winemaking versuchten sie, den schlechten Ruf kroatischer Weine zu korrigieren. Mit Erfolg: Kroatien wird heute als die kommende Weinbaunation gehandelt. Abseits des Mainstreams produzieren engagierte Winzer Weine mit Charakter und Authentizität. Viele von ihnen arbeiten biologisch und experimentieren mit maischevergorenen Weinen. Man mazeriert dabei den Weißwein mit den Schalen, wie man es sonst nur bei Rotweinen macht. Das Ergebnis sind konzentrierte, würzige Weine, die meist eine dunklere Farbe aufweisen und daher international als „Orange Wines" bezeichnet werden. Auch die Urahnen der jetzigen Winzer arbeiteten bereits nach dieser Methode – ihre Nachfahren besinnen sich jetzt wieder darauf. *CF*

WEITERE
SPITZENPRODUZENTEN
Zlatan Plenkovic

FÜR UNTERWEGS

RESTAURANTS & HOTELS

Me and Mrs. Jones: Einzigartiges kulinarisches Erlebnis am Meer mit innovativer Küche und spektakulärem Ausblick.

Restaurant Amo, Jelsa: Im Hotel Podstine. Überzeugt mit einer leichten mediterranen Küche.

Nono, Jelsa: Traditionelles Konoba (kleines, landestypisches Restaurant), ein gemütliches, kleines Wirtshaus. Patron Zlatan Plenkovic schenkt hier sensationelle Weine aus eigener Produktion aus. Dazu gibt es ein reichhaltiges und authentisches Menü.

Riva Hvar, Yacht Harbour Hotel, Jelsa: Ein empfehlenswertes modernes Hotel direkt am Hafen mit Restaurant und Terrasse.

The Palace Hotel, Jelsa: Ein traditionelles Luxushotel am Hafen mit Pool, Restaurant und Bar.

Adriana Marina Hotel & Spa, Jelsa: Das Gebäude stammt aus den 70er Jahren und liegt am Meeresufer. In Kroatien zählt es zu den luxuriösesten Spa-Hotels, das Restaurant bietet erstklassige Fischgerichte. Sehr mondän!

Villa Meneghello, Jelsa: Ein Boutique-Hotel mit Pool. Auch für kleine Reisegruppen geeignet. Traumhaft schönes, modernes Interieur, tolle Lage!

SEHENSWÜRDIGKEITEN

Im Juni ist die ganze Insel in Violett, die Farbe des blühenden Lavendels, getaucht. Im September ist hier die schönste Reisezeit, unzählige einsame Buchten laden zum Schwimmen ein. In der Vorsaison kann man auf gekennzeichneten Wegen die gesamte Insel in ihrer Schönheit erkunden.

Die Festung Spanjola oben am Berg belohnt mit einem grandiosen Ausblick. Empfehlenswert ist eine Fahrt mit Taxi-Booten zum Naturparadies Pakleni-Inseln.

Jelsa, der kleine entzückende Hafenort, lockt mit vielen guten Bars und Restaurants.

Die prächtige alte Küstenstadt Split am Festland ist schnell mit dem Expresskatamaran „Krilo" erreichbar.

KULINARIK

Die Zeiten, in denen man in Kroatien ausschließlich Cevapcici und zu Tode

gegrillten Zuchtfisch vorgesetzt bekam,
sind dankenswerterweise längst vorbei.
Heute bietet die kroatische Küche dem
anspruchsvollem Gast absolut frische
Fischgerichte und regionale Produkte in
bemerkenswerter Vielfalt, pur und perfekt zubereitet.

EINKAUFEN
Auf der Insel gibt es viele hochwertige
landestypische Produkte: Seifen, Cremen,
getrocknete Kräuter, Öle und Meeres-
schwämme, aber auch Lavendelhonig,
Feigen, Nüssen, Schafkäse – und natürlich Weine.

Cuvée Boškinac 2007

Cabernet Sauvignon – Merlot
Boškinac, Insel Pag,
Norddalmatien
Kroatien

Kroatien zählt von Istrien im Norden über Dalmatien bis Dubrovnik im Süden und ganz besonders mit seiner reichen Inselwelt von Krk, Rab, Pag, Brač, Hvar oder Korčula zu den schönsten Ferienregionen in Europa. Die beeindruckenden Nationalparks mit all ihren Phänomenen wie die Blaue Grotte oder die Plitvicer Seen sind weltweit berühmt.

Der Weinanbau profitiert von dieser Naturschönheit leider weniger, viele der Anbaugebiete befinden sich in den steilen, steinigen und kargen Berghängen in den Küstenregionen, vom kühleren Norden bis in den heißen Süden Montenegros, oder auf einer der unzähligen Inseln. Und dennoch spüre ich in den letzten Jahren, dass sich viel bewegt in Winzer-Kreisen. Meist sind es die kleineren Betriebe, die mit mehr oder weniger großem Aufwand ihre Weingüter neu aufpolieren, in ihre Weinberge, in technisches Gerät, Fässer und Marketingaktionen investieren. So trifft man auf internationalen Verkostungen außerhalb des Landes inzwischen zahlreiche Winzer und Weinmacher, die zwar viel von ihrem Handwerk des Weinmachens verstehen, aber in Sachen Marketing und Business noch etwas ungeübt sind. Ausnahmen bestätigen allerdings die Regel: eine davon ist Boris Suljic vom Weingut Boškinac, im nördlichen Dalmatien, auf der Insel Pag.

Dieses kleine Weingut (nur sechs Hektar Rebfläche) steht mit seinem vorzüglichen, gut geführten Hotel und dem Feinschmecker-Restaurant ganz vorne, wenn über Qualität in der Gastronomie und im Weinbau geredet wird. Auf diesen wenigen Hektar sind die weißen Sorten Gegi, Sauvignon Blanc, Chardonnay und die roten Cabernet Sauvignon und Merlot gepflanzt. Gearbeitet wird nach französischem Vorbild. Und was das Equipment betrifft, ist alles vorhanden, was man braucht, um einen überzeugenden Wein zu machen. Und weil die Weine sehr gut sind, werden sie längst nicht mehr nur im eigenen Restaurant ausgeschenkt.

Weintrinker mit Reserven im Keller und etwas Geduld sollten mit dem Genuss der Cuvée Boškinac 2007 noch etwas warten, seine Entwicklung ist noch nicht abgeschlossen. Ich sehe hier durchaus Potenzial nach oben. Wer dennoch gerne Rotweine mit frischen Noten und kernigem Charakter schätzt, kann durchaus schon mal „naschen". Die Vorsorge mit einer zweiten Kiste ist dann allerdings unbedingt zu empfehlen. Wer zwei bis drei Stunden vor dem Genuss dekantiert, wird mit deutlich mehr Aromatik im Duft und etwas weniger strengem Gerbstoff am Gaumen belohnt.

Tiefdunkle, schwarzrote Erscheinung. Schokoladig, sehr üppig, Kirschen, Holunder, schwarze Beeren, Kakao und Lakritze in der Nase. Im Mund voll, reich und stoffig, ja fast so süßlich wie Amarone. Sehr viel, aber reifes Tannin, gute feste Textur, satt und lang im Nachhall.

FÜR CONNAISSEURE

Obwohl die Familie schon seit Generationen Wein anbaut, wurde das Weingut Boškinac in dieser Form erst 2002 gegründet. Boris Suljic, der Winzer und Küchenchef, machte es sich zum Ziel, sich mit autochthonen Rebsorten wie der Weißweintraube Gegi und internationalen Trauben wie Merlot und Cabernet auch im Ausland einen Namen zu machen. Bei kroatischen Verkostungen hat er bereits etliche Preise eingeheimst.

Auf den ersten Blick ist Pag eine Steinwüste, aber rasch schätzt man seine spröde Schönheit und vor allem die Ruhe, die auf der gesamten Insel herrscht. Man fühlt sich, als wäre man in einem anderen Jahrhundert angelangt. Erholung pur!

Es duftet nach Salbei, Jasmin und Minze. Überall weiden Schafe, die sich ausschließlich von den würzigen Wildkräutern ernähren, was

ihren Käse so delikat macht. Kiefernwälder, Olivenhaine und Weinberge prägen das Bild der kargen Insel im Norden Dalmatiens.

Die dalmatinischen Inseln haben wie das Festland eine lange Weinbautradition, die bis in die Antike zurückreicht. Der Kommunismus, der im 20. Jahrhundert über den Balkanstaat herrschte, und der nachfolgende Krieg brachten die Weinwirtschaft fast zum Erliegen. Viele der alten heimischen Rebsorten gerieten in Vergessenheit und werden erst heute von jungen, engagierten Winzern wieder ausgepflanzt. Die kargen Böden der Insel, die vorwiegend aus Kalkstein, Kies und Schotter bestehen, bieten hierfür optimale Bedingungen.

In der Bucht Vlaška Mala gibt es Funde antiker Amphoren. Sehenswert ist auch das Benediktinerkloster der hl. Margaretha aus dem Jahr 1318, das die älteste Mönchsgemeinschaft der Welt beherbergt. *CF*

FÜR UNTERWEGS

AKTIVITÄTEN

Die herrlichen Buchten und das saubere Meer laden zum Baden, Schnorcheln und Tauchen ein. Außerdem findet man auf der Insel unzählige Möglichkeiten zum Wandern und Radfahren.

SPEZIALITÄTEN

„Paški Sir", der berühmte harte Pager Schafkäse mit wundervollem Aroma.

EINKAUFEN

Die Schönheit der selbstgeklöppelten Spitze der Pager Frauen ist im ganzen adriatischen Raum bekannt.

RESTAURANTS & HOTELS

Restaurant im Hotel des **Weinguts Boškinac**: Wurde im *Gault Millau* als eines der besten in Kroatien ausgezeichnet. Tagsüber werkt Boris Suljic im Weinkeller, abends zaubert er eine hinreißende mediterrane Küche aus den Zutaten der Insel, die er durchaus modern interpretiert. Gute Weinkarte!

Hotel Boškinacin: Liebevoll geführtes Haus mit zahlreichen Auszeichnungen. Das schöne Steinhaus liegt auf einer Anhöhe inmitten von Olivenhainen, Weingärten und Schafweiden. Der Blick übers Meer ist atemberaubend. Das Hotel ist bestens ausgestattet und besitzt einen eigenen Pool.

Luna Island Hotel Pag: Die hübsche kleine Hotelanlage liegt im nördlichen Teil der Insel, sie ist äußerst komfortabel und gut ausgestattet.

SEHENSWÜRDIGKEITEN

Neben der Insel bieten die Nationalparks Kroatiens unbeschreibliche Naturschönheiten. Den Nationalpark Paklenica, den Nationalpark Kornati und die herrlichen Plitvicer Seen sollte man unbedingt gesehen haben.

EIN KURZER WEGWEISER FÜR DEN UMGANG MIT ROTWEIN

Paula Bosch

WEIN KAUFEN

Wer auf Beratung angewiesen ist oder sie ganz einfach wünscht, sollte nach wie vor die Adresse Fachgeschäft wählen. Schnäppchenjäger sind hier falsch, denn gute Serviceleistung kostet auch Geld, und diese Kosten schlagen sich auf den Flaschenpreis nieder. Dank guter Beratung hat man aber in vielen Fällen auch einiges an Geld und negativen Erlebnissen gespart. Ein Umtausch ist meist – genau wie eine Rückgabe von korkigen Flaschen – möglich. Wer sich auskennt, kann in großen Supermärkten oder im Internet günstige Angebote finden. Vorsicht allerdings bei Versteigerungen im Internet, besonders bei sehr wertvollen Flaschen.

Vermeiden Sie den Run auf Weine mit hohen Punktebewertungen, probieren Sie selbst. Und kaufen Sie nur, was Ihnen schmeckt! Rechnen dabei nicht vergessen! Wie viele Flaschen trinken Sie pro Jahr? Weiß und Rot! Den Sammeltrieb unbedingt vermeiden, weil das zu Kellerleichen und Platznot führt. Folgen Sie Ihren Vorlieben, ohne stur zu sein – ein Sammelsurium macht auf Dauer keinen Spaß!

WEIN LAGERN

Trotz der unzähligen früh reifen und schnell konsumbereiten Weinen werden heute immer noch Weine produziert, die mit der Lagerung, sprich Reife in der Flasche, gewinnen, und zwar an Qualität und Geschmack. Deshalb sollten Sie als Weinfreund und Trinker nur dann Weine lagern, wenn sich diese mit Sicherheit in ihrer Geschmacksqualität steigern lassen. Die Vorfreude ist bekanntlich eine der schönsten Freuden, auch beim Wein. Die Verbesserung der Qualität, die Steigerung des Geschmackserlebnisses ist der eigentliche Profit einer Weinlagerung und Ihres Investments. Daraus ergibt sich mehr Genuss in Verbindung mit günstigeren Einkaufspreisen und geeigneten Lagerkapazitäten. Dazu braucht man eine geeignete Räumlichkeit mit Feuchtigkeit, der richtigen Lagertemperatur und Lüftung. Grundsätzlich sollte kellerkühl (12–14 °C), feucht (70 %) und dunkel gelagert werden. Das gilt für Weiß- wie Rotweine.

Entweder Sie haben einen idealen Keller oder Sie entscheiden sich für geeignete Kühlgeräte, die gibt es im Fachhandel oder beim Spezialisten für Weinkellereinrichtung.

Die Frage, wie lange der Wein gelagert werden kann, ist nicht leicht zu beantworten. Einfache Weine sollten in ein bis zwei, bessere Weine in drei bis fünf Jahren getrunken sein. Wertvolle Weine aus guten Jahren können zehn, in besten Fällen zwanzig und mehr Jahre gelagert werden. Mit einem Kellerbuch behält man den Überblick.

WEIN SERVIEREN

Die Wahl der Gläser war noch nie so einfach wie heute. Die besten Hersteller, Zalto, Wilsberger und Riedel, haben zwar Konkurrenz bekommen, aber in Wirklichkeit sind ihre Gläser nach wie vor die Besten – eine Art Rolls-Royce für gute Weine.

Persönlich bevorzuge ich die Denk'Art von Zalto. Leichtfüßig, nahezu schwebend fühlt sich dieses Weinglas an. Egal welche Form: Bordeaux, Burgund, für Weißwein oder Rotwein oder als Universalglas, eins für alle. Ein guter Wein gehört in ein ordentliches Glas.

TRINKTEMPERATUR

Bevor man eine Flasche öffnet, gilt es jedoch, sie auf die optimale Temperatur zu bringen. Die Grundregel dabei lautet: Je schwerer und alkoholreicher ein Wein, desto höher kann seine Trinktemperatur sein. Rotweine mit hohem Gerbstoffgehalt werden wärmer genossen – ein junger, kräftiger, noch kantiger Bordeaux, ein Cru-Classé-Gewächs beispielsweise, kann bei bis zu 20 °C getrunken werden. Generell gilt für Rotweine: eine Trinktemperatur von 12–14 °C für einfache Rotweine, Vins de Pays, Lambrusco; 16–18 °C für hervorragende Bordeaux und Burgunder; 18–20 °C für tanninreiche Tropfen aus Südfrankreich von der Rhône, aus dem Piemont oder Portugal.

DEKANTIEREN ODER KARAFFIEREN?
DIE GRETCHENFRAGE!

Welche Weine dekantiert werden sollten und welche nicht, bleibt nach wie vor eine ganz persönliche Entscheidung. Empfehlungen dazu gibt es viele. Ich ziehe das Dekantieren in den meisten Fällen vor, vorausgesetzt, der dazu notwendige Zeitrahmen ist vorhanden.

Wird ein Wein dekantiert oder karaffiert? Das ist ein Wortspiel, nicht mehr, nicht weniger. Ich habe mich für das Dekantieren entschieden. Fachlich korrekt werden grundsätzlich Weine, die ein Depot entwickelt haben, in eine Karaffe (engl.: decanter) umgegossen. Ziel ist es, sie von diesem Depot so sauber wie möglich zu trennen, damit der Wein ohne die Trübstoffe blitzblank serviert werden kann. Handelt es sich um junge, bei der Flaschenfüllung nicht gefilterte Weine, ist die Form der Karaffe vom Sauerstoffbedarf des Weines abhängig. Das bedeutet, ein gerbstoffreicher, harter und duftreduzierter Wein braucht eine sehr bauchige, großflächige Karaffe. Auf ihn wirkt das Dekantieren wie ein Alterungsprozess im Zeitraffer. Ein genussreifer Wein dagegen muss nur vom Depot, sprich Bodensatz, getrennt werden, da darf die Oberfläche im Behältnis auch kleiner sein. Zur Not tut es sogar eine ausgespülte Weinflasche. Ein weiterer Grund für das Dekantieren: Schönheitsfehler von Weinen zu tilgen – Fehlgerüche, die sich durch den Aufenthalt in der Karaffe und Sauerstoffkontakt verflüchtigen können. Jede Karaffe wird vor dem Dekantieren aviniert, also mit einem Schluck Wein ausgeschwenkt. Dabei lösen sich Restpartikel und Spülmittel, die dann mit dem Wein weggegossen werden.

Grundsätzlich sparen kann man sich die Prozedur des Dekantierens bei einfachen, jungen Weine und bei sämtlichen Alltagsweinen – wo immer sie auch herkommen mögen. Es ist auch ganz selbstverständlich zu respektieren, wenn ein Weintrinker das Dekantieren seines Weines ablehnt.

IM RESTAURANT

Nehmen Sie sich vor Sommeliers in Acht, die Ihnen Weine empfehlen, ohne Ihnen einen Blick in die Weinkarte zu erlauben. Das schützt in jedem Falle vor bösen Überraschungen, insbesondere unerwarteten Preisschocks! Hüten Sie sich auch vor Empfehlungen aus Monsterweinkarten. Es gibt nur wenige Sommeliers, die Weinkarten mit großem Umfang so interpretieren können, wie sie dem jeweiligen Entwicklungsstand der Weine entsprechen.

Von Weinempfehlungen, die nicht auf der Weinkarte oder im Menü stehen, halten Sie sich fern. Bestellen Sie keine großen (Rot-)Weine in Restaurants, ohne zu wissen, in welchen Gläsern die Weine serviert werden. Fischbowlen sind ebenso ungeeignet wie dicke Senfgläser.

MIT ROTWEIN KOCHEN

Mit Wein kochen wird immer noch unterschätzt. In den allermeisten Rezepten, in denen Wein verwendet wird, findet man nicht mehr als die Angabe Weißwein oder Rotwein. Bei beiden, rot wie weiß, sind Süße und Säure von großer Bedeutung. Bei Rotwein empfehle ich, unbedingt auf die Farbe des Weins zu achten. Damit meine ich, wie hell, dunkel oder schwarzfarbig der Wein ist. Grundsätzlich gilt, dass man einen Schluck bis ein Glas zur Abrundung der Soße von jener Flasche verwendet, die später getrunken wird. Zum Schluss in die Soße geben, sie darf danach nicht mehr kochen. Möchte man aber einen Fond mit Fleisch und Gemüse zubereiten, dann bedeutet das, dass der Rotwein jung, aber nicht zu farbintensiv sein sollte. Weine mit viel Blau- und Lila-Farbtönen sind ungeeignet, sie ergeben aubergine- oder anthrazitfarbene oder graustichige Soßen mit wenig Glanz. Sehr gut dafür geeignet sind junge Rotweine mit hohen Säurewerten, einfache Land- und Tafelweine aus Spanien, Italien oder Frankreich aus Literflaschen. Das sind Basisweine mit genügend Alkohol, Säure, Tannin, Geschmack und Farbe. Einfach, wenig manipuliert, super zum Kochen und Reduzieren.

ROTWEIN ZUM ESSEN
Terrinen, Pasteten

Sie trinken gerne zu Beginn des Menüs oder abends von Anfang an Rotwein? Dann beginnen Sie doch gleich damit, dagegen spricht ja nichts. Dazu essen Sie mal eine leichte Terrine (mehr Gelée und Gemüse) oder Pastete mit Geflügel und Leber. Hier passen gereifte Rote oder frische Typen mit viel Frucht und weniger Tannin. Alles eine Stilfrage des Winzers. Lemberger bzw. Blaufränkisch, auch Barbera mit Stoff. Ein Wein aus dem Priorat, Clos Fontà, ein Blend aus Garnacha und Cariñena: eine ideale Wahl.

Salate

Das Angebot bei Salaten ist riesig. Und dazu kommen die unendlich vielen Sorten von Essigen und Ölen. Darauf ist natürlich in erster Linie zu achten. Ein sommerlicher Mischsalat mit viel Grünzeug und Tomaten verlangt nach einem saftigen, sanften und fruchtigen Typ Rotwein, als wäre es ein kräftiger Weißwein mit roter Farbe, also möglichst null Gerbstoff. Das sind Weine ohne Holznoten, die überall produziert werden können, z. B. Excomungado (Portugal), Enate Tinto (Spanien).

Suppen

Bei Suppen sollte grundsätzlich die Art der Suppe – klare Suppen (Bouillon), gebundene Suppen und Eintöpfe sowie kalte, geeiste Suppen – unterschieden werden. Der Temperaturunterschied heiß und kalt, z. B. bei Weißwein mit Consommé, ist ein No-Go. Weniger kühl servierter Sherry hingegen ist immer noch ideal. Auch die Leichten der Rotweingruppe wie Beaujolais oder Bardolino passen gut. Für kalte Sommersuppen wie Gazpacho, Gurken- oder Kartoffelsuppe bitte kräftige, aber immer noch gerbstoffarme Rotweine, kühl serviert (13–15 °C), wählen: Typ Spätburgunder/Pinot Noir, Rioja Crianza, Blaufränkisch ohne Barrique. Bei mächtigen Suppen mit Einlagen (Gemüse, Fisch, Fleisch) einen etwas festeren, gehaltvolleren Typ wählen: etwa reifere Burgunder, Bordeaux Cru Bourgeois oder Montsant (Spanien).

Fisch

Der Fisch selbst, die Zubereitungsart, Gewürze, Beilagen und Soßen sind auch für die Wahl des Weines mitentscheidend. Gedünstete und gekochte Forellen oder Felchen schmecken aber viel besser mit Weiß- als mit Rotweinen. Gebratene, im Ofen gegarte oder gegrillte Meerwasserfische mit Mischgemüse, Ratatouille, auch auf gehaltvollem Risotto, vertragen auch mächtige Rotweine, mit viel Frucht, Aroma, Körper, aber bitte wenig Tannin. Warum? Tannin und Fischeiweiß killen sich gegenseitig. Also keine Barriquemonster, aber durchaus reich an Mineralstoffen und einer gewissen Salzigkeit: Typ mediterran, Rhône, Priorat, Sizilien, Kroatien.

Fleisch

Bei Fleischgerichten unterscheidet man grundsätzlich zwischen den Sorten wie Schwein, Rind, Kalb, Lamm und Geflügel. Dann die Zubereitung, Rezeptur, Gewürze, Soßen. Details füllen ein ganzes Buch für sich. Grundsätzliches hierfür: Rote Burgunder (Pinot Noir), Spätburgunder sind beste Begleiter für helles Geflügel und Kalb. Die Sorte Pinot Noir ist mit ihren sanften Tanninen und abgerundeter Textur im Geschmack dafür ideal. Kommen schwarze Trüffel dazu, ist ein reiferer Jahrgang perfekt. Wildgeflügel ist besser geeignet mit Syrah, Grenache, Mourvèdre, Carignan oder mit einer Cuvée dieser Sorten. Dazu eignet sich auch Nero D'Avola aus Sizilien oder wildaromatischer Terroldego aus dem Trentino. Wird Wildgeflügel mit süßlichen Soßen serviert, oder auch kräftiges geschmortes Rindfleisch, eignet sich dazu ein Amarone oder Valpolicella. Zu großen Rotweinen aus Bordeaux passt ein einfaches Steak am allerbesten. Möglichst wenig Beilagen, etwa ein Gratin von Kartoffeln und dazu einen Jus mit schwarzen Perigord-Trüffeln. Einfach super!

Dessert

Anstelle von süßen Rotweinen wie Banyuls, Maury, Brachetto oder Port kann man auch sehr gut trockene Rote servieren, die aber im Mund das Gefühl hinterlassen, als wären sie halbtrocken oder gar lieblich: zum Beispiel Valpolicella oder Amarone. Versuchen Sie es mal zu einem Klassiker wie Birne Hélène, Tiramisù, Schokoladensoufflé. Rote Grütze oder Zwetschkenkuchen passen gut zu Rosenmuskateller aus Südtirol oder Dolç de l'Obac aus dem Priorat.

Käse

Zu Blauschimmel wie Roquefort, Bleu de Gex, Fourme d'Ambert oder Gorgonzola werden gerne konzentrierte Süßweine präsentiert, so wie deutsche große Auslesen bis TBA oder Sauternes, Muscat, süße Elsässer Gewürztraminer. Auch die roten Süßen wie Port und gereifter Madeira machen viel Sinn. Wer aber bei Rotwein bleiben will, kommt mit saftigen, fruchtigen jungen Typen bei Blauschimmel gut durch. Überseeweine mit großer Fülle und zart lieblicher Art sind ganz köstliche Begleiter. Frische Ziegenkäse, Sainte-Maure, Pyramide passen schlecht zum Rotwein. Sauvignon Blanc schafft hier die wahre Freude. Münster und ähnliche starke Rotschmierkäse verlangen nach Süßwein, ideal ist immer wieder ein Gewürztraminer. Reife, festere Käse mit weniger Salz wie Tomme, Comté, Bergkäse, alter Gouda sind die Rotweinkäse schlechthin. Da kommen die schweren Typen wie Châteauneuf-du-Pape und Côte Rôtie, Bordeaux bester Herkunft wie Margaux, Pauillac oder Graves, St-Émilion eignen sich sehr gut. Salzigere Käse wie Parmigiano, Gruyère oder alter Mimolette vertragen wiederum opulente Weine wie Barolo, Barbaresco oder Primitivo.

GLOSSAR

GERUCH & GESCHMACK

Abgang | Empfinden, Nachhaltigkeit nach dem Schlucken. Die Länge des Geschmacks, den ein Wein danach hinterlässt. Wird in Sekunden (Caudalies) gemessen. Je länger der Geschmack anhält, desto feiner und größer ist die Qualität des Weines.

Adstringierend | Kommt bei jungen, noch nicht reifen Rotweinen (teils auch bei Weißweinen) vor, auch bei Weinen, die aus zu früh geernteten Trauben bereitet wurden, oder bei Weinen aus kleinen Jahrgängen, die niemals reif werden. Unangenehmes Gefühl auf der Zunge, das sich stumpf und pelzig anfühlt. Der Speichelfluss wird gebremst. Nachdurst, der sogenannte Brand, stellt sich ein. Wird vom hohen Gerbstoffgehalt, dem Tannin, ausgelöst.

Animalisch (tierisch) | Duftstoffe, die sich vermutlich bei der Entwicklung und Reifung des Weines bilden. Sie erinnern an Tierhaut, nasses Fell, Moschus, Ambra oder rohes Wildfleisch.

Aristokratisch | Edel und elegant am Gaumen, im Geschmack. Damit sind sehr elegant wirkende Weine bezeichnet, die nicht unbedingt anschmiegsam schmecken, durch ihre ausgewogene Tannin-

struktur und angemessene Säure ausgewogen sind und straff.

Aroma | Bezeichnet eine oder mehrere Duftkomponenten im Bukett (Nase) eines Weines. Aromen gibt es in unterschiedlichen Reifestufen bzw. Stadien: primär, sekundär, tertiär.

Ätherisch | Flüchtiger Duft, der konzentriert wirkt und leicht chemischen Charakter (Jod) zeigt.

Balsamisch | Pflanzlich, konzentriert, ähnlich wie ätherisch. Erinnert an eingekochten Essig (Aceto Balsamico), wohlriechende Öle, warme Hölzer, heißen Teer.

Biss: Hat ein Wein mit kompakter, fester Struktur und Säure.

Blumig (floral) | Von Akazien, Clematis bis Jasmin, Lavendel, Nelken, Rosen, Veilchen.

Caudalie | Eine Messeinheit, mit der die Länge des Abgangs gemessen wird. Eine Caudalie entspricht einem bleibenden Geschmackseindruck am Gaumen von einer Sekunde. 30 Sekunden zählt man für sehr gute Weine, die Spitzenweine erreichen 60 Sekunden und mehr.

Cremig | Weine mit Schmelz, Fülle und weichem Geschmack. Feiner, runder Charakter.

Engmaschig | Bezeichnet ein Geschmacksgefühl, das sich auf die Textur des Weines bezieht und mit Stoffen wie Seide vergleichbar ist.

Erdig | Kann sowohl positiv als auch negativ eingesetzt werden. Bodentöne wie frisch umgegrabene Blumenbeete, Erde nach einem Regenguss, nasser Waldboden. Nasser Schiefer oder Granit. Das sind durchaus angenehme Düfte.

Feurig | Reichhaltige, alkoholbetonte Weine. Oft an der Grenze zu scharf, was mit zu viel Alkohol bezeichnet wird.

Finesse | Haben sowohl leichte als auch körperreiche Weine, welche in ihrer Gesamtheit optimal erscheinen. Geruch wie Geschmack sind einprägsam, hervorstechend.

Fruchtig | Obst von Apfelsine bis Zitrone.

Füllig | Das Gegenteil von karg oder arm. Vermittelt am Gaumen viel Geschmack und Stoff, inhaltsreich.

Grün | Erinnert positiv an Gemüse wie Bohnen, Erbsen oder Paprika. Negativ sind damit unreife Beeren und Früchte (und Weine) gemeint. Frische grüne Kräuter oder gemähte Wiesen sind in Weißweinen aus Sauvignon zu finden und positiv gedacht.

Harmonisch | Weine, die alle Inhaltsstoffe – speziell Duft und Geschmack – in einem ausgewogenen Verhältnis präsentieren.

Herbal | Mit einem Kräuterstrauß vergleichbar.

Holzig | Eichenholzwürze durch den Fassausbau ist im Geruch und Geschmack in der Jugendphase eines Weines vertretbar. Ist der Wein ein paar Jahre alt und duftet immer noch vordergründig danach, ist diese Note lästig, unerwünscht und überfrachtet den Charakter des Weins.

Kopfnote | Ist wie in der Sprache der Parfums der erste Dufteindruck, der aber leicht flüchtig ist und nach einiger Zeit verschwindet – zu Gunsten der Herz- und Basisnoten.

Kräuterig | Vergleichbar mit herbal. Damit sind entweder frische oder getrocknete Kräuter gemeint und als solche auch bezeichnet.

Länge | Die Summe von Nachhall und Abgang im Wein. Wird bei jedem Wein gewünscht. Je mehr Länge, desto besser das Qualitätsurteil.

Medizinal | Oft kampferartig, jodig, flüchtig. Nicht erwünschter Wesenszug.

Metallisch | Blechern, rostig, kühl. Auch mit oxidativen Tönen vergleichbar.

Mineralisch | Schmecken Weine von Reben, die auf Böden wie Schiefer, Granit, Kalk, Ton oder Vulkanerde gewachsen sind. Häufig hinterlassen sie auch einen leicht salzigen Nachgeschmack auf den Lippen.

Oxidation | Ein überreifer Farb-, Duft- und Geschmackston, der vom Lesegut oder bei der Weinbereitung entsteht. Auch bei überlagerten Weinen (bei Licht und zu hohen Temperaturen) zu finden. Die Weine werden schal und alt im Geschmack, erinnern an Ausgelaugtes, alten Sherry oder angeschnittenes, braun gewordenes Obst.

Persistent | Fest und lang anhaltend im Gaumen.

Phytoalexine | Griechisch: phytos = Pflanze, alekein = „abwehren". Pflanzenabwehrstoffe. Beispielsweise Viren, Bakterien etc.

Polyphenole | Chemische Substanzgruppe, aus der die meisten sekundären Pflanzeninhaltsstoffe bestehen.

PPAR-Rezeptor | Peroxisom-Proliferator-aktivierte Rezeptoren. Ein wesentlicher Baustein, durch den die molekularbiologische Wirkung von sekundären Pflanzeninhaltsstoffen erklärt werden kann.

Röstig | Kommt von zu stark gebranntem Eichenholz. Auch toastig, karamellig.

Saftig | Der Eindruck, der den Speichelfluss im Mund anregt, ausgelöst durch eine dezente Säure und gelegentlich Restsüße.

Salzig | Schmecken immer mehr Weine, was aber nicht erklärt werden kann, warum. Wird auch als mineralische Note bezeichnet.

Stoffig | Weine mit viel Struktur und Textur. Körperreich, opulent und geschmackvoll.

Transparent | Klar, durchsichtig, einfach erkennbar. Alle Komponenten sind leicht zu definieren.

Vegetal | Schmecken frische Weißweine z. B. aus den Rebsorten Chenin Blanc oder Sauvignon Blanc. Rotweine mit vegetalen (= gemüsigen) Noten sind unreif.

Verspielt | Leichte Weine mit zartem Frucht-Säure-Spiel.

Wachsig | Duftkomponente bei reifen Weinen, die teils zu viel mit Sauerstoff in Kontakt waren.

Weich | Schmecken Weine, die ausgereifte Tannine haben oder so gut wie kein Tannin und wenig Säure, aber mit Fülle und Stoffigkeit. Nicht zu verwechseln mit fad, lahm.

Würzig | Weine mit mediterranen Eigenschaften. Warm, viel Frucht, reife blaue Früchte und Gewürze unterschiedlicher Herkunft. Von Anis bis Pfeffer, Oregano, Wacholder oder Zimt. Rebsorten wie Syrah, Grenache, Mourvèdre oder Cinsault haben auch orientalische Gewürznoten von Nelken, Lorbeer bis Kardamon, Schwarzkümmel oder Blaumohn.

Zart | Feingliedrige Gewächse. Fein und filigran im Duft. Delikat und dezent im Gaumen mit leichter, feiner Textur.

ALLGEMEINES

Barrique | Meist neues Eichenfass mit 225 Liter Inhalt, wie es in Bordeaux oder Burgund in Frankreich seit Langem üblich ist. Inzwischen weltweit in Verwendung. Die Herkunft des Holzes ist von großer Bedeutung: z. B. Nevers oder Allier. Heute wird auch Holz aus Amerika, Russland, Deutschland oder Österreich mit guten Ergebnissen verwendet.

Basiswein | Grundwein.

Dourotal | Weinregion im nördlichen Teil Portugals, durch welches der Douro fließt. Berühmt durch die Portweinproduktion. Heute werden dort auch sehr gute trockene Rotweine hergestellt.

Garbinada | Starker Südwestwind in der katalanischen Küstenregion. Im Landesinneren, z. B. im Weinanbaugebiet Priorat, wird diese Meeresbrise sehr geschätzt wegen ihrer durchlüftenden Wirkung in den Weinbergen.

Garrigue | In Südfrankreich, Italien, Portugal offene mediterrane Strauchheide. Typische Pflanzen dieser Vegetationsform sind Sträucher von Thymian, Rosmarin, Lavendel bis Strauch-Wermut und Zwerg-Iris.

Gran Reserva | Kann ein Wein aus Rioja bezeichnen, der mindestens zwei Jahre im Eichenfass und danach mindestens noch drei Jahre in der Flasche gereift ist.

Marzemino | Alte, rote Rebsorte, deren Usrsprung in Italien vermutet wird. Um das 15. Jahrhundert schon im Etschtal entdeckt. W. A. Mozart besang sie im *Don Giovanni*.

Moderne Weine | Haben weniger eigenständigen Charakter, schmecken oft banal und sind leicht austauschbar. Gewöhnlich sind sie makellos, haben wenig Tiefe und Typizität.

Monsterwein | Barocker Stil, mächtig, viel Alkohol.

Licorella | Kommt im Priorat vor. Ein kleinblättriger schwarzer Schiefer mit unterschiedlich hohem Anteil Quarz.

Önologe | Griechisch: oenos = Wein, logos = Lehre. Weinwissenschaftler. Ein Önologe ist für die Herstellung der Weine im Keller zuständig.

Primäraromen | Natürliche Traubenaromen, die aus den Beeren stammen. Jene ersten Duftnoten eines Weines, die denen der Traube, aus welcher der Wein erzeugt wurde, ähnlich sind. Sehr frisch, blumig-fruchtige Komponenten dominieren. Aber nur, solange der Wein noch keine Reifezeit hinter sich hat. Später entstehen die Sekundäraromen, welche während der Gärung entstanden sind. Sie können auch als Reifearomen bezeichnet werden, während die Tertiäraromen durch die Reife in der Flasche und Lagerung im Keller entstehen.

Quinta | Portugiesisch: Bauernhof, Weingut. Gesetzlich definiert sagt der Begriff auf dem Etikett, dass es sich um einen Wein aus eigenem Traubenanbau handelt.

Reserva | Wird für unterschiedlich lange Lagerzeiten oder später geerntete Trauben in besseren Qualitätsstufen in den einzelnen Weinanbaugebieten verwendet.

Terroir | Herkunftsbezeichnung, die sich aber nicht nur auf den Boden bezieht. Mit Terroir wird heute die Gesamtsumme von Komponenten bezeichnet, die dem Wein ihren Charakter verleihen, also Boden, Lage und Klima.

Traditionelle Weine | Aus ursprünglicher Herstellungsart.

Valpolicella | Rotwein aus dem Veneto, einer Region um Verona. Wird aus den gleichen Rebsorten hergestellt wie Amarone. Ist insgesamt aber leichter und hat deutlich weniger Alkohol.

Vinho Verde | Grüner Wein. Ursprünglich für jungen, frischen Wein. Heute eine gesetzliche Bestimmung für Weine aus der Region Minho (Portugal) mit kontrollierter Herkunftsbezeichnung.

WEINGÜTER, BEZUGS-QUELLEN, PREISE

DEUTSCHLAND

FRITZ VÖLCKER'SCHE
Gutsverwaltung
An der Eselshaut 15
67435 Neustadt-Mußbach
Tel. +49 6321 66050
Fax +49 6321 66054
info@weingut-voelcker.de
Bezugsquelle:
www.weingut-voelcker.de
Cabernet Franc Barrique 2011: € 30

WEINGUT DRAUTZ-ABLE
Faißstraße 23
74076 Heilbronn
Tel. +49 7131 177908
Fax +49 7131 941239
info@drautz-able.de
Bezugsquelle: www.drautz-able.de
Neckarsulm Scheuerberg
Steinkreuz 2010: € 35,70

WEINGUT MARTIN WASSMER
Am Sportplatz 3
79189 Bad Krozingen-Schlatt
Tel. +49 7633 15292
Fax +49 7633 13384
wassmer-krozingen@t-online.de
Bezugsquelle:
www.weingut-wassmer.de
Schlatter Spätburgunder „SW"
2009: € 25

CHANSON PÈRE & FILS
Au Bastion de l'Oratoire
10 rue Paul Chanson
21200 Beaune
Tel. +33 3 80259797
Fax +33 3 80241742
chanson@domaine-chanson.com
www.vins-chanson.com
Bezugsquelle:
www.grand-cru-select.de
Beaune Clos des Mouches 1er
Cru 2009: € 47

CHÂTEAU HAUT-BAILLY
33850 Léognan
Tel : +33 5 56647511
Fax +33 5 56645360
mail@chateau-haut-bailly.com
www.chateau-haut-bailly.com
Bezugsquelle:
www.extraprima-weinversand.de
Château Haut-Bailly 2011: € 75

CHÂTEAU MONBRISON
33460 Arsac
Tel. +33 5 56588004
Fax +33 5 56588533
contact@chateaumonbrison.com
www.chateaumonbrison.com
Bezugsquelle:
www.extraprima-weinversand.de
Château Monbrison 2011:
ca. € 40

DOMAINE DE LA VIEILLE JULIENNE
Le Grès
84100 Orange
Tel. +33 4 90342010
Fax +33 4 90341020
contact@vieillejulienne.com
www.vieillejulienne.com
Bezugsquelle:
www.gute-weine.de
Châteauneuf-du-Pape Les Trois
Sources 2010: € 49

LA PÈIRA EN DAMAISÈLA
34725 Saint-Saturnin-de-Lucian
Tel. +33 4 67447948
roth109@aol.com
www.lapeira.wordpress.com
Bezugsquelle: www.pinard.de
Las Flors de la Pèira 2010:
€ 29,95

VIGNOBLES BRUMONT
32400 Maumusson Laguian
Tel. +33 5 62697467
Fax +33 5 62697046
contact@brumont.fr
www.brumont.fr
Bezugsquelle:
www.finewine.ch
Château Montus Cuvée Prestige
2008: ca. € 40,50

ITALIEN

ARGIOLAS
Via Roma 28/30
09040 Serdiana
Tel. +39 070 740606
Fax +39 070 743264
info@argiolas.it
www.argiolas.it
Bezugsquelle: www.garibaldi.de
Turriga 2007: € 49

PORTUGAL

A VINHOS S. A.
Rua Candido dos Reis 670
4400-071 Vila Nova De Gaia
Tel. +351 223 777770
Fax +351 223 320209
info@niepoort-vinhos.com
www.niepoort-vinhos.com
Bezugsquellen:
www.die-weinquelle.de,
www.wagners-weinshop.com
Batuta Tinto 2010: € 59,90–62,70

QUINTA DE VALE DE PIOS
Rua Primeiro de Janeiro,
169 Rc Esq Tras
4100-366 Porto
Tel. +351 917 621964
Fax +351 226 099622
email@pios.pt, www.pios.pt
Bezugsquelle:
www.vollmundig.eu
Excomungado 2010: € 8,90

SPANIEN

BODEGA CONTADOR
Carretera a Baños de Ebro, km. 1
26338 San Vicente de la Sonsierra
La Rioja
Tel. +34 941 334228
Fax +34 941 334537
info@bodegacontador.com
www.bodegacontador.com
Bezugsquellen:
www.internetoase.de,
www.weinart.at
La Cueva del Contador 2010:
€ 59–66

BODEGAS ENATE
Avenida de las Artes, 1
22314 Salas Bajas, Huesca
Tel. +34 974 302580
Fax +34 974 300046
bodega@enate.es
www.enate.es
Bezugsquellen:
www.weinkontor-freund.de,
www.georg-hack.com
Enate Cabernet-Merlot 2008:
€ 8,95

BODEGAS LÓPEZ
DE HEREDIA
Avda. de Vizcaya, 3
26200 Haro, La Rioja
Tel. +34 941 310244
Fax +34 941 310788
visitas@tondonia.com
www.lopezdeheredia.com
Bezugsquelle: www.vinos.de
Viña Tondonia Gran Reserva
1994: € 54,90

CELLER DE CAPÇANES
MONTSANT
Carrer Llaberia, 4
43776 Capçanes, Tarragona
Tel./Fax +34 977 178 319
cellercapcanes@cellercapcanes.com
www.cellercapcanes.com
Bezugsquellen:
www.la-tienda.de, www.weinco.at
Costers del Gravet 2009:
€ 15,50–19,99

DOMINIO DO BIBEI
Langullo s/n
32781 Manzaneda

Tel. +34 627 071544
info@dominiodobibei.com
www.dominiodobibei.com
Bezugsquelle:
www.vinos-shop.de
Lacima 2007: € 44,90

FINCA MAS D'EN GIL
Paratge Mas d'en Gil
43738 Bellmunt del Priorat
Tel. +34 977 830192
mail@masdengil.com
www.masdengil.com
Bezugsquelle:
www.eweinkaufen.de
Clos Fontà: 2004: € 49,50

UNGARN

TIFFÁN EDE ÉS ZSOLT
PINCÉSZETE
Erkel F. U. 10
7773 Villány
Tel. +36 72 592000
Fax +36 72 592001
iroda@tiffans.hu
www.tiffans.hu
Bezugsquelle: www.ungaricum.de
Cuvée Carissimae 2008: € 27,90

WEINGUT HEUMANN
Heumann Kft.
Ipartelipi ut. 2
7800 Siklós
Tel. +36 72 495293
heumann@hispeed.ch
www.heumannwines.com
Bezugsquelle:
www.weinkomplott.de
Cabernet Franc 2008: € 19,90

Bildnachweis: APA PictureDesk: S. 16, 52/53; Azienda Agricola Gulfi: S. 156, 157, 158/159, 160/161; Bodegas López de Heredia Viña Tondonia: S. 40, 41, 43, 44/45; Braida: S. 144, 145, 147, 148/149; Brumont: S. 88; Chateau Monbrison: S. 109; Corbis Images: S. 13, 39, 50/51, 55, 56/57, 69, 70/71, 72/73, 151, 182; Damir Fabijanic, Rino Gropuzzo, Dean Dubokovic: S. 204; Daniela Zedda: S. 124/125, 138, 139, 140/141, 142/143; Domaine Chanson & Studio Bernuy: S. 101, 103, 104/105; Domaine Vieille Julienne: S. 118, 119; Dominio do Bibei: S. 18, 19, 20/21; Enate: S. 47, 48/49; Foradori: S. 126; Gesellmann: S. 176; GettyImages: S. 136/137, 208/209; Haut Bailly: S. 112, 113, 114/115, 116/117; Henning Bornemann: S. 127, 129; Herbert Lehmann: S. 177, 179, 181/182; Heumann: S. 184, 186/187, 188/189; Markus Drautz: S. 68; Mas d'en Gil: S. 30, 31, 33, 34/35; Meinklang: S. 170, 171; Niepoort (Vinhos): S. 60, 61, 62/63, 64/65; Panoramix: S. 24; Paula Bosch: S. 107; Quinta de Vale de Pios: S. 54; S. A. Capanna: S. 150, 152/153, 154/155; Serge Chapuis: S. 89, 90/91, 92/93; Shutterstock: S. 8/9, 11, 22/23, 25, 26/27, 28/29, 58/59, 66/67, 76, S. 86/87, 162/163, 172/173, 174/175, 185, 191, 192/193, 196/197, 201, 202/203, 205, 206/207, 213, Umschlag; Società Agricola Pieropan: S.133, 134/135; Stefano Scat: S. 130/131; StockFood: S. 75, 110/111, 166/167, 215, 216; Tiffán Pincészet: S. 194/195; Timo Volz: S. 80, 81, 82/83, 84/85; Vina Tomic: S. 198, 199; Ungaricum: S. 190; Vinos de Benjamin Romeo: S. 36, 37; Weingut Waßmer: S. 74, 78/79; Weingut Kollwentz: S. 164, 165, 168/169; Zalto: S. 3

1. Auflage

Texte: Paula Bosch, Markus Metka
Unter Mitarbeit von: havel & petz, Agentur für Veranstaltung und Kommunikation in Sachen Wein und Genuss. Autorin der Texte „Für Conaisseure" ist Christina Fieber (im Text mit „CF" gekennzeichnet). www.havel.petz.at
Grafische Gestaltung: KADADESIGN, Alexander Kada mit Anna Grasenick & Barbara Reiter
Druck: GRASL FairPrint, Bad Vöslau, www.Grasl.eu

ISBN 978-3-85033-708-3

Christian Brandstätter Verlag
GmbH & Co KG
A-1080 Wien, Wickenburggasse 26
Telefon (+43-1) 512 15 43-0
Telefax (+43-1) 512 15 43-231
E-Mail: info@cbv.at
www.cbv.at

Designed and printed in Austria